人間の居場所

田原 牧
Tahara Maki

a pilot of wisdom

目次

はじめに

情勢を読むという作業がある。海外で取材していたときはその内容がどうあれ、予測が当たれば、結構自慢できた。しかし、自分の生活圏が対象となると、そうも言っていられない。不幸な中身であるなら、なおさら外れてくれた方がいい。

しかし、どうやら嫌な予感が当たってしまっている。不穏さを感じたのは第一次安倍政権が発足する前年の二〇〇五年だった。この年「まずいな」と感じたことがあった。

敗戦六十年の取材で、靖国神社のある東京・九段下一帯をうろついていた。財団法人（当時）日本遺族会に立ち寄ったときのことだった。窓口役の職員の青年に会員数など基本データの提供を求めたが、拒まれた。儀礼的にせよ、対話しなくてはならないはずのある種、公の立場同士でも、心の中で「こいつは敵だ」と相手を見なせば、会話を拒否するという現実に遭遇したのだ。

詳細については翌年に上梓した『ほっとけよ。』という拙著に記したが、水面下でレッテル貼りと排除、議論を許さない敵意の海、その所産としての思考停止といった悪循環が加速しつつあるように思えた。いわゆる社会の「分断」である。

それから十余年。あのときに感じた「まずいな」という感覚はもはや日常となった。しかも日本のみならず、そうした現象は世界各地を覆っている。

「トランプ旋風」が巻き起こった二〇一六年の米大統領選もそうだった。それでも、米国はまだましかもしれない。一九六〇年代の人種隔離政策反対運動に携わり、その志を自分なりに持続させてきた人物（バーニー・サンダース）が予備選では台風の目になった。新たな政権に対するメディアや草の根の反撃も広がっている。しかし、日本ではそうした逆バネが働いていない。

「ポスト真実」と言わずとも、この国では事実を歪曲した歴史認識に限らず、国会での虚偽答弁すら珍しくなくなった。ウソを流す方はばれたっていいのだ。文句を言う奴は敵だから、相手にせず、排除するのみ。対話は相互に尊重し合う姿勢を抜きには成立しないから、そこに議論が息づく余地はない。

何かまともなことを意見すれば、ネット空間のみならず、罵詈雑言《ばりぞうごん》を浴びせられる。それが鬱陶《うっとう》しいから、声を上げることすら躊躇《ちゅうちょ》する。表面的には社会を沈黙が覆い、多くの人びとは無難を決め込む。無難は無意味に近いので、無難が一番という社会では生きる意味が希薄になり、創造性が著しく衰退する。思い当たる節があるはずだ。

怖いのはウソを看過し、その流布が日常化してしまうと、それをウソと認識できなくなってしまうことだ。そうした状況もすでに散見される。いつの間にか、そんな世の中になってしまった。

そうした現状を達観できるほど、私は人間ができていない。では、どうすればよいのか。虚偽を暴露することや、デマを流すことに腐心する人びととの対話の道を探ることも大切だろう。しかし、それ以前にウソをウソと認識できる精神状態、いわば人が正気でいられる空間を確保しておかねばならない。そうしないと肝心の人間が壊れてしまう。

たどりついたのは陣地戦の構想だった。

その陣地戦は物理的な空間を争うというよりも、人間の関係性、人と人が向き合う作法の領域での攻防だ。権力が掌握し、世間の多数派が則っている価値観とは異なる尺度で営まれている「こちら側」の世界の構築と言い換えてもよい。現存するそれを守り、新たに構築もし、拡大していくこと。もうとっくにその作業に着手している人びともいる。「こちら側」の世界で重視すべき流儀は、人の世の複雑さを受け入れることだ。権力は狡猾であっても稚拙だから、その尺度は単純だ。そして人びとは単純さの誘惑に囚《とら》われ、人間自身もどんどん単純化してきた。その尺度の一つが資本から見ての能力主義であり、それによって人は優劣の烙印を押され、ランク付けされている。

だが、豊かさとは複雑系の中にしか存在しない。複雑なほど面倒だが、同時に豊かなのだ。あたかも原生林が虫や鳥、獣とともに息をしているのと同じで、その複雑な連鎖こそが豊かさの源泉である。例えば、一昔前まで「粋」という価値があった。粋は単純さの対極にある。だから美しい。人の価値を能力のみで測るような尺度は無粋の極みである。

人より国家を優先することも単純さの一例だろう。どちらが大切かはその奥深さで一目瞭然だ。国家は所詮、人間の産物にすぎない。だが、人は人智が及ばぬ宇宙の創造物だ。その深遠さの違いに気づかないのも思考の単純さゆえだろう。

世界は人と人との関係である。一人一人が深呼吸でき、正気でいられる世界。法秩序すら廃れた現在の日本社会で、頼れるのはわが身と仲間との紐帯《ちゅうたい》だ。そんな「こちら側」の陣地をあえて居場所と呼んでみたい。随分とやせ衰えてしまったそうした居場所の回復と創造の契機がどこにあるのか。ここ数年、記者というよりも一介の生活者として世間をのぞき回ってきた。

視界を晴らすために、世間の目や常識といった権力の操る魔方陣から一歩足を退ける。退けた足の置き場としても居場所は不可欠である。本書がそんな空間を創るための〈私たちの謀議〉の一助になれば、筆者にとってそれ以上の幸せはない。

第一章

流浪に浮かぶ祖国

人の背を少し超えるほどの街路樹が、夜の帳《とばり》にぼんやりと並んで浮かんでいる。一本残らず、金銀の電飾が施されていた。

「すっごくありきたりだろ」

隣でハンドルを握っている中年男が前を向いたまま、苛立ち混じりにつぶやく。

「こんな街を美しいとかって言う奴、信じられないな。退屈な、本当に退屈な街だ」

金ピカの街。たった一つ、光のない高層ビルが電飾の空間に穴を開けていた。六十三階にあるバーが売りというホテル。近づくと、中層の壁面が焦げていた。三日前に火災が起き、十数人が負傷していた。

「あそこから火が噴き出していたときも、すぐ隣では大みそかの花火大会を続けていたんだ。この国の連中はいかれている」。近くには高さ世界一を誇る百六十階建て、八百二十八メートルの「ブルジュ（タワー）・ハリーファ」がそびえていた。

アラブ首長国連邦（UAE）の商都、ドバイ。私の一年はここ数年、中東詣でで幕を開ける。二〇一六年一月はここに来た。隣にいる旧友のシリア人、ムハンナッドの「慰問」のためだ。

ドバイにはかれこれ十五年ぶりだった。昔からアジアからの働き手が多い街だったが、投宿したホテルの前の通りでも、見かけたのはフィリピンやバングラデシュからの出稼ぎ労働者ばかりだった。

国の建前では、イスラームの戒律はここでも決して緩くはないはずだが、アザーン（イスラームの礼拝呼び掛け）はほとんど聞こえない。通りを歩くフィリピン人女性たちは長い髪をなびかせ、生脚を短パンからさらけ出す。堂々とした掟《おきて》破り。昼間の大通りは、さながら国際窮民都市に見えた。

そんなアジア人たちに感化されたのか、ムハンナッドは私の滞在していたホテルにくたびれたポロシャツに短パン姿で現れた。五十六歳。元はスタイリッシュな男だったが、再会した当時はその無精ひげにやもめ暮らしの寂しさを漂わせていた。

「ドバイにはいま、たぶん五十万人ほどのシリア人がいる。昔からの住人もいるが、ほとんどが内戦から逃れてきた人たちだ」

そう言う彼もその一人だった。ドバイにはサウジアラビアが支援する反アサド政権の衛星テレビ「オリエント」の拠点などがある。彼自身は特定の反政府組織に属してはいないが、祖国のアサド政権には辛辣だ。

「内戦の初めごろは、この国もシリアからの避難民をそれなりに受け入れていた。しかし、いまは簡単に入国ビザや滞在許可が下りない。多少のカネがあってもだ。オレの場合も、家族にはビザが下りなかった」

ムハンナッドはかつてUAEの首都、アブダビの衛星テレビ「アブダビテレビ」のディレクターをしていた。そのときのコネで本人こそ、なんとか入国ビザを取れたものの、彼の妻と長女、それに長男にはビザが下りなかった。

彼はUAEのテレビ各局に求職していた。だが、色よい返事はなかった。そんな愚痴をカフェで聞いていると、彼は突然、目線を変えずに「ここを出よう」とささやいた。私の後ろの席にワイシャツ姿の男が座ってすぐのことだった。

言われるままに席を立ち、通りを歩き始めるや「後ろに来た男はシリアのムハーバラート（秘密警察）だ」と声を潜めて言った。

でも、ここはドバイだろうと顔をのぞき込むと、彼は「連中はどこにでもいる。きっとオマエも写真を撮られたな。シリアにはもう入国できないぜ」と冗談交じりにつぶやいた。

ムハンナッドとの出会いは四半世紀前にさかのぼる。イラクがクウェートに侵攻し、湾岸戦争が起きた。停戦直後の一九九一年四月、ジェイムズ・ベーカー米国務長官（当時）がシリアの首都ダマスカスで、同国のハーフィズ・アサド大統領（現大統領の父で故人）と会談することになった。湾岸戦争、ソ連崩壊と激震が続く中、「世界の火薬庫」を左右する対面になると世界中のメディアが色めき立った。

当時、湾岸戦争の応援取材で出張していた私も、隣国ヨルダンから陸路、ダマスカスに向かった。会談後の記者会見場は、ダマスカスのシェラトンホテルだったと思う。

会場には三百人ほどの記者が詰め掛けていた。予定時間はとうに過ぎていたが、誰もがかしこまって待っていた。ところが、その厳粛さを小馬鹿にするように、私の席のすぐ後ろで笑い声を漏らしている一群がいた。シリア国営テレビのクルーだった。

耳をそばだてると「あのAFP（フランス通信社）の女はいい」「向こうのニューズウィークはどうだ」と盛り上がっている。振り返ると、リーダー格の男が「あんたは日本人か？　あっちのBBC（英国放送協会）の若い女はいくつだと思う？」と屈託なく話しかけてきた。それがムハンナッドだった。

記者会見は結局、流れてしまった。理由は忘れた。帰り際、ムハンナッドに長身のダマスカス大学の教授を紹介された。その夜、ホテルで何げなく眺めていた国営テレビに、その教授が解説委員として映っていて面食らった。ちなみにその教授の名前を二十六年後、アラブ紙で見つけた。反政府派連合組織のスポークスマンという肩書だった。

きっと気が合ったのだろう。それからダマスカスを訪ねるたび、ムハンナッドの職場に立ち寄り、いつしか自宅にも招かれるようになった。

彼は生粋のダマスカスっ子だが、祖父はシリアがまだオスマン帝国下だった時代にトルコ南部から移民した人で、ダマスカスで小さな織物工場を営んでいたという。他界した父親は軍のエンジニアだったが、家業も手伝う典型的な中産階級だった。

ムハンナッドもテレビ局に勤める前は軍にいた。シリアが内戦に介入、実効支配していた隣国レバノンで情報関連の任務に就いていたという。「あのころは嫌なものをたくさん見た」。知り合ってから随分経った後、酒場でそう一言だけ漏らしたことがあった。その反動だったのかもしれない。テレビ局では後年、芸能や伝統文化ばかりを担当していた。

彼と前回、ダマスカスで会ったのは二〇一一年の暮れだった。シリアでの民主化デモが本格的な内戦に移行する過渡期のころだ。政治状況はどうあれ、彼は一言でいえば、成り上がっていた。ダマスカスにスタッフを十人ほど抱える自前の番組制作会社を設立し、高台の新興住宅地に部屋数が六つか七つもある邸宅を新築した。

当時二十一歳だった長女マリアムはダマスカス大学法学部、十九歳だった長男ソーマルは私立ダマスカス国際大学の歯学部に通っていた。二人とも快活で、アラビア語一本やりの父親と違って流暢《りゅうちょう》に英語が話せた。ムハンナッドの五歳下の妻、サマルもいつもの笑顔で迎えてくれ、料理に腕をふるってくれた。

こうした生活をムハンナッドは十三年間に及ぶ「出稼ぎ」によって手に入れた。一九九七年にシリア国営テレビからヘッドハントされる形で、アブダビテレビへ。そこで敏腕ディレクターという評価を得て、八年後にはサウジアラビアのMBC（中東放送センター）グループに移籍。芸能関係のプロデューサーとして活躍し、前年の二〇一〇年にダマスカスに戻ってきていた。

絵に描いたようなサクセスストーリー。新居で自慢の花壇を案内しながら、彼は「息子や娘は湾岸諸国での生活が長かった。だからダマスカスをほとんど知らない。そろそろ、祖国の伝統の偉大さを学ばせたかった」と話した。ただ、一拍おいて「でも、結局はオレも年をとり、故郷が恋しくなっただけかもしれない」と少し照れたように付け加えた。

その夜、彼の自宅に集まった会社の部下たちはムハンナッドと同じイスラームのスンナ派の人も、政権を牛耳るとされるアラウィ派の人も、キリスト教徒もいた。その誰もがユーモアたっぷりに独裁政権をこき下ろしていた。

それから四年。いわば「出稼ぎ」中の十三年間ですら一緒だった家族と離れ、彼はドバイの空港近くのワンルームマンションで暮らしていた。狭い部屋だが、家賃は月に千七百ドル。ドバイの物価は東京から来た日本人をも驚かせる。当然、自炊暮らしだ。彼は「仮に家族にビザが出たとしても、あの部屋で四人は暮らせない」と自嘲した。

彼がシリアからの出国を決めたのは、前年（二〇一五年）の八月だった。ある日、娘のマリアムが通う学部の建物にミサイルが落ちた。彼女は無事だったが、ミサイルの着弾はその週で二回目だった。「もう限界だ」とムハンナッドは断じた。

その夜、妻と長女と話し合った。出国すれば、数カ月、いや最低でも数年は戻れそうにない。ムハンナッドと妻にとっては「生きているうちに帰れない」可能性も十分にあった。

「それはうちに限った話ではない。あの国を出た数百万人が同じように思っている。現体制が続く限り、反体制派の活動家でなくても、ダマスカス空港に戻れば、その場で捕まる。実例は腐るほどある。理由？　祖国の難局から逃亡した『裏切り者』だからだ」

当時、アサド体制は揺らいではいたものの、倒れる気配はなかった。むしろ、劣勢からの立て直しに向かっていた。それでも家族会議の結論は早かった。

「どうあっても殺し合いには加わらない」

「生活レベルより生命を優先する」

この簡潔な二点を満たすには出国という答えしかなかった。誰にも異論はなかった。

この家族会議の場に、息子ソーマルの姿はなかった。彼は一足早く二〇一二年の夏にシリアを離れ、エジプトの首都カイロ近郊の大学に転入していた。その直前、彼はダマスカスで秘密警察に拘束された。わずか二日後に釈放されたものの、これが出国の契機になった。

「ただ、拘束事件はきっかけにすぎなかった。いま、ダマスカスにいるのは老人と女、子どもばかりだ。若い男がうんと少ない。というのも、アトランダムに徴兵されるからだ。だから、あの子を出国させたのは正解だった」

ムハンナッドは状況を先読みしていた。ドバイでは現地で縫製工場を営むシリア人実業家にも会ったが、彼も息子二人をシリアから呼び寄せていた。理由はやはり徴兵逃れだった。数年前まで三十数万人いたシリア軍も、このころは十万人程度。兵員不足は甚だしかった。

ダマスカスに現在もとどまるパレスチナ人の友人は電話で、「最近は秘密警察が住宅を一軒一軒訪ね回り、息子はいないかと尋ね歩いている。息子が一人の場合、従来は兵役免除の規定があったが、いまは通用しない。かつて兵役は十八歳以上だったが、いまは高校生ぐらいでも徴兵されている」と漏らした。

こうして一家は出国した。ムハンナッドの妻サマルと娘のマリアムは、ベルリンで離ればなれに暮らす。マリアムはシリア人の友人とルームシェアし、街の東端にある大学の修士課程で国際法や人権を学んでいた。内戦の体験を生かしたいという思いからだ。サマルは西端のシリア人難民センターでボランティアをしながら、ドイツの難民プログラムでドイツ語習得と職業訓練に励んでいた。

一家離散。ダマスカスにあった買ったばかりの瀟洒《しょうしゃ》な邸宅は手放した。足元を見られてか、売値は買値の三分の一だったという。ムハンナッドは「それでも自分たちは難民になった平均的なシリア人の百倍は恵まれている」と語る。とはいえ、手持ちのカネは次第に減っていく。働かねばならない。しかし、肝心の職はなかなか見つからなかった。

「夕方、大学から出た。すると突然、後ろからついてきた車から革ジャン姿の男たちが降りてきた。名乗らなかったが、『秘密警察だ』とピンと来た。聞きたいことがあると、車に連れ込まれた。着いたのは看板のないビルの一室。荷物を取られ、尋問が始まった」

カイロ西方三十キロにあるシッタ・オクトーバー（十月六日）市。その一角にある巨大ショッピングモールの屋外カフェで、二十三歳になったソーマルと再会した。私がドバイを出て、数日後のことだった。

そり残したひげが、随分と大人びた印象を与えた。ただ、細い体つきは四年前と変わっていなかった。彼はここにある私立の現代科学・芸術大学の歯学部に在籍していた。

彼が拘束された当時のダマスカスは、血の海に沈む寸前だった。ソーマルは政治活動とは慎重に距離を置いていたが、友人の数人は民主化デモに参加していた。

「秘密警察の係官はそうした友人たちの名を一人一人挙げ、知り合いかと聞いてきた。もちろん知っていたが、知らないと答えた。すると間髪を容《い》れず、殴られた。おそらく連中は自分を狙ったというより、活動家の周囲にいる学生たちなら誰でもよかったんだと思う」

秘密警察が名を挙げた友人のうち、少なくとも五人が行方不明だと言った。「尋問はたいしたことはなかった」と話しながらも、彼はおもむろに右手のシャツをまくり上げた。二の腕に長さ五センチほどの傷痕があった。ナイフで切られた拷問の痕だった。

ソーマルが拘束された日、なかなか帰宅しない息子の行方にムハンナッドは嫌な予感がしていた。病院や警察に電話をしたが、手掛かりはない。やがて拘束の場面を目撃していた息子の友人から連絡があった。すぐに軍の時代に知り合った秘密警察の幹部に連絡し、居所を確認した。コネが利いたとはいえ、釈放には二日かかった。

ソーマルは「自分は父にダマスカスに残りたいと言った。あんなことでビビったって、周りに思われたくもなかった。けれど、父は心配性だから。結局、親が勝手にアレコレ手配して、一週間後にはレバノンのベイルートに陸路で出国し、そのままエジプトの大学に入学を申請した」と振り返った。

十月六日市にはシリアでの内戦開始後、シリア難民が集住し、日本の中華街のような外国人コミュニティーを形成している。アラブ世界でシリア料理やその食材の評価は高い。それが居ながらにして楽しめると、彼らが開いた飲食店には地元のエジプト人のファンも多い。

二〇一三年夏に倒されたエジプトのムルシー前政権はシリアの反政府勢力と結び、ビザがないシリア人たちも熱心に受け入れた。だが、その後のスィースィー現政権は対照的な姿勢で、シリア難民への門戸を閉ざした。すでに滞在している難民が出国すれば、エジプトへの再入国はほぼ無理とみられていた。そのため、エジプトでの生活に見切りをつけ、欧州へ渡るシリア人も少なくなかった。

ただ、ソーマルには留学生という合法的な地位があった。大学を卒業し、一年間の訓練期間を経れば、ほぼアラブ全域で通用する歯科医師の免許が取れる。エジプトの病院に勤務すれば、そのまま滞在を延長することも可能だ。

「最短で免許を取りたい。そうすれば、家族を助けられる。いまはひたすら勉強だ」

異国で一人暮らしの息子を案じるムハンナッドに頼まれ、私はソーマルに生活の相談役として旧知のエジプト人記者を紹介した。「エジプトの役所や警察とトラブルになったら、必ず彼に相談するように」と言い添えた。ソーマルは「いまは大丈夫。でも、もしドラッグで捕まったら、そのときは警察に掛け合ってほしい」と冗談めかして笑った。

彼と別れた後、一緒に来てくれたエジプト人記者に謝意を伝えた。彼は少し首をかしげて、ソーマルの目を見たかと聞いてきた。「赤かっただろ。あれはドラッグをしている若い連中によく見かける。ただの寝不足ならいいが、この国でも革命（アラブの春）後、ドラッグ禍が深刻なんだ」。

ダマスカスでムハンナッドが立ち上げた番組制作会社は、ネット上にホームページが更新されずに放置されているだけで、十人ほどの部下の大半はすでに出国した。兵役に就いた元ドライバーだけがシリアに残っているという。

右腕だったカメラマンのスレイマーンはアサド一族と同じアラウィ派だったが、二〇一四年に逮捕された。三カ月の拘束後、精神的に不安定になり入院したが、その後、カタールに出国。現在は日雇い仕事で糊口《ここう》をしのいでいるという。

逮捕の理由はフェイスブックへの「自由を人民に」という匿名での書き込みだった。ムハンナッドは「アラウィ派の半分は親政権、半分は反政権だ。政権はアラウィ派に厚遇と引き換えに特別な忠誠を求める分、従わないアラウィ派の人物に対する弾圧はひときわ酷《ひど》い」と同情した。

女性ディレクターのザイナブは反政府運動にかかわった息子を失った。詳しい事情はムハンナッドも言葉を濁したが、彼女もカタールのドーハでウエートレスをしている。

国連難民高等弁務官事務所（ＵＮＨＣＲ）の統計によると、二〇一七年三月三十日現在、シリア内戦で国外に逃れた難民数はトルコへの二百九十六万人を筆頭に五百二万人。この数字は二〇一二年当時の総人口の約四分の一に当たる。トルコあるいは地中海ルートで欧州に密航しようとした人びとのうち、千数百人が海で死亡した。ただ、密航業者にカネを払うことができた分、彼らは経済的には恵まれた人たちだといえる。貧しい人びとは国外に出られず、国内で難民となるしかない。

一方、反政府勢力の後ろ盾であるサウジアラビアなど湾岸諸国は、反政府組織の幹部らこそ優遇してきたが、避難を望むシリア市民たちには冷淡だった。仮に入国を認めても、生活の安定を保障するような特別な施策はない。

「湾岸の支配層にとり、アサドは敵だが、そのアサドを批判するシリア人の知識層も危険分子だ。彼らが掲げる民主化が自国の不満勢力と結びつけば、厄介なことになりかねない。だから歓迎するはずがない」。友人のエジプト人記者はそう語った。

目の前で、アブダビテレビの幹部に電話をしていたムハンナッドはこう嘆息した。「来週には色よい返事ができるはずだと。同じ台詞《せりふ》はもう何カ月も聞いている。こういう口先だけの連中と同じアラブ人であることにほとほと嫌気がさしてきた。二月初めまで待つ。それでダメなら、オレも欧州に渡ろうと考えている」。

国際政治の場では、シリア内戦の焦点は当初のアサド政権の去就から、ダーイシュ（イスラーム国）の解体へと変わった。国内に足場を持たない反政府勢力に政権を取らせるなどという気運はとうに萎んでしまった。

「アサド対ダーイシュの戦いと言われがちだが、それは違う。ダーイシュは樽爆弾《たる》（円筒容器に爆薬や石油、金属片を詰めた精度の悪い爆弾）を住宅地に落とすアサドを殺せ、と青年らをけしかける。アサドは残虐なテロリストのダーイシュを取るか、自分を取るかと国民に迫る。要するに、両者とも持ちつ持たれつの間柄だ」

ムハンナッドは退屈そうに続けた。「いずれにせよ、誰が権力を取ろうが、あの国がまともに戻るには最低あと半世紀はかかる。息子の世代はシリア人同士の殺し合いを体験した。そのうらみは互いに消えないだろう。だから孫の世代が大人になり、どうするかだ。しかし、それらの前提になる停戦すら、いまだ道筋が見えない」。

歴史は不確実なプロセスだ。国家が破綻することだって珍しくはない。「そうだ。オレはそこを疑わず、勝手に自分が成功したと思い込んでしまった。（激しい内戦が繰り広げられた）レバノンやイラクの例を間近に見ていながら、すっかりぼけていた」。ムハンナッドは苦笑した。

シリアという国家は壊れた。流浪の身となった君にとって、いま「祖国」とはいったい何を意味するのかと尋ねた。

「好むと好まざるとにかかわらず、自分がシリア人だということはこの厳しい状況が毎日、オレに告げてくる。じゃあ、別の国籍を取ったら楽になるかと考えても、自分がシリア人であることには変わりはないんだ。それが祖国ってもんだ。でも、その祖国っていうのは政権じゃない。土地かというとそれも違う。そこが地理的にシリアだとしても、シリア人がいない土地はオレにとっては祖国ではない」

ムハンナッドはそこまで言って、たばこに火をつけた。「そこでだ、シリア人って誰なんだと考える。オレはシリア人が好きだ。シリア人って優しいんだ。だから、殺し合いをしているシリア人は、オレの信じるシリア人とは別人だと言っていい。オレにとってのシリア人が集まっている場所、その人間関係がオレの居場所であって、祖国なんだと思う。紙に書かれた国籍や旅券なんて二の次だ。だから、アサドもダーイシュもオレの祖国にはいらない」。

彼はスマホから一つの動画を私に見せた。ベルリンの難民施設を撮影したものだ。赤ん坊を背中にひもで括り付け、飲み物を手渡すドイツ人の女性ボランティアの姿があった。

「こういう人は国籍とか、宗教とかとは無関係に尊敬する。彼女と自分は祖国が違う。でも、どこの国の人間かということと人間性への尊敬は矛盾しない。だから戦争なんて一番バカらしいと思う。最近、自分がこうなって、そんな単純なことに気がついた」

出国を決断した夜、家族で一つだけ誓い合ったという。それは一人一人がどこで何をして生きていくにせよ、「シリア人としての誇りを持って、同胞を守っていくことだけは忘れない」ということだった。ベルリンで暮らす妻と娘はその約束を守ろうとしていた。

そんなエピソードを話していたとき、彼のスマホからメールの着信音が響いた。短文で「マイナス九度」。メールに、雪を背にほほ笑むサマルの写真が添えてあった。

（追記）ここまでの原稿をネットで発表して数カ月後、ムハンナッドから連絡があった。

ドイツへ渡航申請するため、自分の身元保証の一環として、私の記事の要約を送ってほしいと記されていた。すぐに私は英訳して送った。二〇一六年秋、申請は認められ、三年間のドイツでの滞在ビザが下りた。彼は二〇一七年三月現在、ベルリンで妻と暮らしている。フリーランス記者として、カタールの衛星テレビ「アルジャジーラ」などと契約している。

一方、シリア内戦は二〇一六年暮れ、反政府派の要衝だった北部アレッポが陥落し、戦況はロシア、イランなどの支援を受ける政府軍側の優勢に一気に傾いた。しかし、二〇一七年四月に米国のトランプ政権が政府軍基地を空爆し、米ロによる内戦収拾の気運は萎んだ。この時点では、内戦終結の道のりは依然として見えていない。

第二章

共犯者たちの秘密基地

「ご注文はうさぎですか？」

そんな文句の躍った看板には、三人の美少女のアニメ画が描かれている。「お兄ちゃん、キッスの準備はまだですか？」。再びロリ調の広告。でも、キッスの「ッ」という促音がどこかオヤジ臭くて笑えた。

JRの電気街口から中央通りへと向かう。二〇一六年二月、久しぶりに東京・秋葉原を訪ねた。

街の装いこそ現在とは別物だが、四十年前にはよく通った。中学生のころ、アマチュア無線に凝っていたのだ。抵抗やらコンデンサーといった細かい部品がぎっしり並んだ店頭には、ピンセットとパーツを拾う小皿が置かれていた。そのころはそうした専門店や出所不明のジャンクに埋もれた一角を日がな一日、飽きもせず見て回った。

そうした店には世間の流行などとは縁のなさそうな「プロ」の趣を醸した主人たちが必ずいて、マニアらしき客たちと何やら熱心に話し込んでいた。政治や巷《ちまた》の流行がどうなろうと、自分の世界はここにあるといった空気は、歩く人びとがコスモポリタンになり、商品もアニメやゲームが主流になった現在も、この街に引き継がれているように感じる。

中央通りを北へ二百メートルほど歩くと、ドン・キホーテ秋葉原店のビルが見えた。アイドルグループＡＫＢ48の拠点劇場が八階にあることで知られている。ここはただのドンキではない。ちょっと怪しい。入り口のパチンコ屋はいいとして、上の階にはアダルトグッズ、コスプレ用品、さらには時折、老人たちも紛れ込んでいるゲーセンがある。

ビルの入り口周辺の壁面や柱は、ＡＫＢのＰＲ写真で埋められている。少し前までは、その図柄はすでに「卒業」した初期の人気メンバーが占めていて、独特の廃れ感を醸していた。ところが今回訪れてみると、それらが現役メンバー中心に刷新されていた。一人分しか幅のないエスカレーターの壁面に並んだヒット曲ごとの集合写真も、下部の階ではここ最近の曲のものに差し替えられていた。

「10ｔｈ Ａｎｎｉｖｅｒｓａｒｙ（十周年記念）」。ポスターにはそう銘打たれていた。たしかにグループ結成十周年の画期なのだから、一新されても不思議ではない。でも、そんな当たり前はときに人を寂しくさせる。

平日の午後。エスカレーターで五階を通過した。ふと脇を見ると、老舗《しにせ》のメイドカフェの前に青年たちが無言で列をつくっていた。

そんなＡＫＢに私も一時期、はまった。といっても、そのころはすでに「不動のセンター」こと前田敦子は「卒業」しており、ブームもピークを過ぎていた。かなりの周回遅れのヲタ（ファン）だったといえる。

はまったきっかけは思い出せない。注目する「推し」のメンバーがいたわけでもない。むしろ、メンバーよりも二〇〇五年暮れの結成から約二年間、このグループの演出を担った振付師の夏《なつ》まゆみに心惹《ひ》かれていたくらいだ。

ある日、偶然見つけた夏さんの「辛《つら》いときこそ、誰の心にもいる底力君に会えるチャンス」という自己啓発まがいの台詞にいたく感動してしまった。たぶん、何らかの理由で気弱になっていたのかもしれない。結局、ミニスカートの女子たちではなく、この集団のテレビには映らない物語性に気づいて、それをのぞきたい一心ではまってしまったのだと思う。

気になり始めるや、職業上の「癖」からか、まずは現場を踏みたくなった。ＡＫＢ48劇場での公演見学である。最初は何も知らず、チケットを買いさえすれば入れると思っていた。ところが、すぐにそれが容易なことではないと分かった。劇場のキャパは立ち見を含めて二百五十人。チケットの抽選倍率は、当時でも数十倍だった。取材にかこつければという友人のアドバイスもあったが、そういう反則はしたくなかった。苛烈な抽選も物語の一片に違いなかったからだ。

たしか八回目の挑戦だったと思う。ようやくチケットが当たった。チームAの公演だった。ところが感激すべき「初体験」の感想はというと、正直、心が凍《い》てついてしまった。

当日の記憶をたどってみる。ドンキのビルには開演の一時間ほど前に着いた。一階の入り口には会議用の長机が置かれ、観客相手なのだろう、一パック二百五十円の弁当が売られていた。その価格が妙に印象に残った。

八階の窓口で整理券をもらった。窓口からホール（その一角に劇場の扉がある）までの廊下の両側には、キャバクラかホストクラブのようにメンバーの額縁写真が飾られ、その先には百回以上通った初期のファンを讃えるプレートが並べられていた。チケットがなかなか入手できない昨今では、百回というのはありえない快挙だ。だが、逆に言えば、初期はそのくらい特定の客しか集まらなかったということなのだろう。

ホールには一昔前は「カフェ」があったそうだが、すでに閉鎖され、一回二百円のコインロッカーが置かれているだけ。配管がむき出した天井からは二台のテレビがぶら下がり、繰り返しメンバー紹介の映像が流れていた。そこにポツリポツリと、当日の客たちが集まってきた。

ホールの奥にはわずかなベンチが置かれ、数人の顔見知りが言葉を交わしていたが、その他の客は互いに見ず知らず。スウェット姿のお兄さん、定年過ぎのオヤジ、制服姿の女子高生らがスマホをいじりながら無言で立っていた。

劇場の扉の前にはスーツ姿に尖《とが》った革靴、整髪料で髪を固めたキャバレーの古典的な呼び込みのような男が立ち、周辺に目を光らせていた。テレビでの華やかな出演映像とは対照的な、私鉄沿線の盛り場とでも形容したらよいのか、そんなムードが漂っていた。

開演三十分前になると「ＳＴＡＦＦ26」といった背番号付きのトレーナーを着た従業員たちが、ホールの床に十番区切りの整理番号を記したボードを手慣れた様子で並べ始めた。客はそこに整列し、十人のグループごとの入場順が抽選され、それに従って劇場に入る。

予備軍候補なのか、小さな女の子の手を引いた若い母親たちが優先されていた。

劇場に足を踏み入れると、舞台への視界を遮る二本の柱があった。その空間が倉庫だったころの名残だ。ちなみにグループのファンクラブは「二本柱の会」という。それぞれの柱の前には、マスク姿の用心棒のような若い男が舞台を背に立っていた。私の隣には常連らしき二人組がいて、開演前から盛んにサイリュームを振っていたが、顔の高さから上には振ってはいけないという内規があったらしい。マスク姿が早速、二人組に近寄っては何やら注意していた。

他の客たちからは随分と遅れて、同伴ホステスのような女を連れた業界人風の中年男が予約席に上機嫌でなだれ込んできた。それと同時に幕が上がった。舞台に駆け込んでくるメンバーたちのヒールの音が響く。

思わず目がいったのは、そのヒール靴だった。アメ横なら千円ほどで売っていそうなショッキングピンクの靴。そして、ヒラヒラの化繊であろう衣装。その安っぽさが心に染みた。幕間のメンバー同士のMCは「○×チャンかわいい」という内輪褒めばかり。言葉につかえるたび、客席から「いいよお、いいよお」と薄気味悪い尻上がりのコールがかかる。斜め向かいの眼鏡のスウェット男子は、サイリュームを片手に口を半開きにして舞台に見入っていた。

なんだかだんだん居たたまれなくなって、下を向いてしまった。公演の途中だったが、席を立ちたくなった。ところが顔を上げると、舞台の上の名も知らないメンバーの一人と視線が合った。彼女の目力の強さに圧倒され、席を立つことを諦めた。

ようやくアンコールも終わった。だが、帰り際のメンバーとの握手が残っていた。ホールに会議机が運び込まれ、その後ろにメンバーたちが整列する。長蛇の列の向こうに人気メンバーの渡辺麻友《まゆ》の姿が見えた。見回すと、誰一人客が並んでいない子がいる。菊地あやか（現在は「卒業」）だった。どこか行かざるを得ないように思えたが、そのころは彼女の名前すら知らない。差し出された手に「頑張って下さい」と声をかけるのが精一杯だった。

ビルを出て、ドンキの前の中央通りをそそくさと渡り、路地にある風俗案内所のような無人の喫煙所に飛び込んだ。一服しながら、四方に貼られたメイドカフェのポスターをぼんやり眺めてみる。ついさっきまで見ていた舞台の風景と重なった。駅へ向かうと、街宣帰りの選挙カーが目の前を通り過ぎていった。ちょうど、東京都知事選の最中だった。選挙戦がどこか遠い世界のことのように思えた。季節は真冬。どこまでも寒い体験だった。

散々な劇場体験だったが、公演の最中に何回か既視感に襲われた。大音響の中でそれがどこだったのかと自問し、最後に思い当たったのは遠い昔、自分が立っていた新宿二丁目の飲食店のショータイムだった。

その二つの世界はどこまでも近いように感じた。違いがあるとすれば、そうした店は酔客相手だが、ＡＫＢ48劇場では素面《しらふ》の客が相手であるという点だけだ。二丁目と芸能界の境界は、薄いベニヤ板一枚で仕切られている。二丁目に芸能人の客が多いという意味ではない。実際、あの街に出入りしていた当時、どこかの「ウリ専」の従業員がいつの間にか芸能界デビューしていたなんて話はそう珍しくなかった。本質的に芸能界はそうした日陰社会と紙一重の位置にある。その構図は当時、すでに日本レコード大賞を二回受賞していたトップアイドルとて例外ではないのだろう。

もう一つ、既視感を抱かせたのは華やかな喧騒《けんそう》に隠れたリアルな純情の匂いだった。二丁目では、私が出入りしていたころはセックスもクスリも簡単に手に入った。それらに溺れて、人が破滅する光景は日常だった。ただ、そんな地雷原のような街でも、一歩裏に回れば、先が見えない者同士の優しさや友情がひっそりと息づいていた。
人は誰もが不完全だから、意図せずダークサイドを引きずってしまう瞬間がある。だが、そんな暗い一面がときに光彩を放つ。社会が皺《しわ》一つ見えない人工的な明るさに照らされれば照らされるほど、人は生身の不完全さとリアルな純情を本能的に求めてしまう。
ＡＫＢの場合、少なくとも初期にはそうしたダークサイドを隠そうともしなかった。グループが世間に認知される以前の曲には、いくつかの「怨歌」がある。二〇〇七年四月に出されたメジャー三作目のシングル『軽蔑していた愛情』という曲が好例だ。

〈テレビのニュースが伝える／匿名で守られた悲劇も／携帯のメールを打ちながら／絵文字のような日常／大人は訳知り顔して／動機を探しているけど／ピント外れたその分析は／笑えないギャグみたい／偏差値次第の階級で／未来が決められてる／もう頑張っても／どうしようもないこと／ずいぶん前に／気づいていただけ／私たち〉

テーマは明らかに十代の自殺だ。メンバーたちがこの秋元康の歌詞の意味をどれだけ咀《そ》嚼《しゃく》していたのかは分からない。それでも、この曲を歌う前田敦子の無表情は妙にリアルだった。前田に限らない。この時期、少なからず初期メンバーたちの表情には陰が宿っていた。実際、多くのメンバーたちは恵まれていなかった。「布団もなく段ボールで寝ていた」「楽屋で余った弁当を集めては、家族のために持ち帰っていた」「学校に友だちがいない『ぼっち軍団』たち」……。あまたある家庭環境の複雑さはファンの間で口伝えされていた。

ＡＫＢの黎明期《れいめいき》を知る関係者から、こんな話を聞いたことがある。

「初期のころ劇場を訪ねると、楽屋の奥で三、四人の少女たちが寝泊まりしているようだった。当時は三回公演の日もあった。体力的には限界を超え、先も見えない。正直、よく辞めないものだと半ばあきれていた。世間からは『女衒商売《ぜげんしょうばい》』と後ろ指も指されていた。それでも他に行く場所もない子たちは懸命に劇場にしがみついていた」

やたらと涙を流す集団だった。その理由を少女という特別な季節にのみ求めることはできない気がする。集団の中では、スマホの世界では体験できない葛藤も純情もあったに違いない。華やかさと裏腹のリアル。劇場で感じた寒さは、彼女たちのそんな物語とどこかで通底していたのかもしれない。

それまでの他のアイドルグループとＡＫＢを峻別《しゅんべつ》したのはヲタたちの存在だ。ヲタたちもまた、現象としてのＡＫＢの重要な一翼を担っていた。

「ああ、横山チームＡの客誕ですね」

公演を初めて見た数日後、いつも世間話を交わす職場の同世代の知人に、劇場での体験談を話すや、彼から即座にそう返答されて目を丸くした。ちなみに「客誕」というのは「客の生誕祭」の略だ。公演のある月に誕生日を迎える客だけが、チケットの抽選に申し込めるというシステムである。

ちっとも知らなかったが、彼は古手のヲタだった。とはいっても、当人は「自分がはまったのは黄金期の前夜。黎明期からの『古参（ヲタ）』にはとても及ばない新参者」とあくまで謙虚だった。それでも彼には二期（二〇一七年三月現在、最新メンバーは十六期）のメンバーに「推し」がいて、彼女が地方の姉妹グループに所属が変わってしまった後も、ときに仕事の後、深夜バスで応援にはせ参じていた。そうした応援の活動費として、「総選挙」

の投票を含めて、年によっては七十万円ほど使ってきたという。

どうしてＡＫＢがあそこまで売れたのかと素朴に問うと、彼は「あくまで私見だけど」と断ったうえで、こんな風に切り出した。

「やはり原点は劇場だと思う。自分もかつては（ＡＫＢ48劇場のある）あのビルに一歩足を踏み入れた時点で、なんとなく『共犯者』になった思いがした。自分のいかがわしさを隠せないというか。でも、犯罪者ってパワーあるでしょ。そのパワーがＡＫＢを押し上げたんじゃないかな」

かつてテレビ番組の制作会社にいて、現在は派遣社員である彼によれば、女性アイドルのファン層は基本、中高生男子。ところが、ＡＫＢの黎明期はそうではなかったという。実際、平日に中高生たちが足繁《しげ》く秋葉原の劇場に通えるはずがない。

「彼女らの人気が爆発するまでのファンは圧倒的に三十代、四十代だった。それも自分のようなフリーター系の若年オッサンたち。少年時代のアイドル好きを捨てきれない、いい歳をこいた大人たちが少女たちを追いかける。自分も含めてですけど、そうした連中は世間からはイカれた犯罪者たちと同じだと見られたって抗弁できませんよ」

その証拠に、と彼は二期生による「チームK」の公演曲『転がる石になれ』でのファンのミックス（合いの手）を例に挙げた。

「曲の途中でヲタが『気合いだ』とか『そりゃ、そりゃ、そりゃ、そりゃ』って盛り上がるでしょ。あの原型は一世風靡《ふうび》セピアですよ」

哀川《あいかわ》翔《しょう》や柳葉《やなぎば》敏郎《としろう》らが所属した男性路上パフォーマンス集団「一世風靡セピア」が活躍したのは一九八〇年代半ば。それから二十年の後、AKBは船出している。セピアを目の当たりにしていた中高生の少年が、ちょうど三十代半ばになっていた計算だ。

ただ、この手の若年オッサンたちはアイドル擦れしている分、異様に目が肥えていた。その厳しい目が少女たちを磨き上げたのだという。

「AKBというと、握手会商法とかばかりが注目される。でも、原点は劇場というあの穴蔵です。イカれた連中だって、自分たちが世間からそう見られているということぐらいは分かっている。負い目がある。そして、目の前にはやはり世間からはワケあり扱いされがちな不安定な少女たちがいた。両者の関係はエロとかロリなんてはるかに超越していたんだと思う。言ってみれば、ダメな大人男子とダメな少女たちの共犯関係に支えられた秘密の共同体みたいな……」

そこまで言って、彼は懐かしそうに宙を見つめた。

そうした初期の逸話に「ライダー伝説」がある。バイク好きだった指圧師のヲタ（通称・ライダーさん）が日々の応援の過労からか、ある日の公演直前、劇場のフロアで倒れて亡くなってしまった。エリート進学校をドロップアウトし、キャバクラ経営を経てAKB48劇場の支配人になった幹部スタッフは、その一介のヲタの通夜のために、彼の「推し」だった二人のメンバーを連れ出している。当時、秋元康もこのファンのために追悼の公演曲（曲名は『ライダー』）を書いていた。

後年、テレビのドキュメンタリー番組で四十代のヲタが「（もし、なぜ追っかけをしているかと友人に聞かれれば）オマエ、最近泣いたか、何かで吠《ほ》えたかと言いますよ」と、「推し」との一体感の魅力を語っていた。

世間から見れば「バカバカしい話」なのかもしれない。しかし、そうした世間常識に背を向けた共犯者たちの純情が、やはり世間から不埒《ふらち》と指弾された「女衒商売」の裏側には流れていた。

まだ、ＡＫＢがマイナーだった二〇〇七年ごろの撮影だろうか。楽屋で仲間からインタビューを受ける前田敦子の映像が残っている。後輩メンバーの一人に「ＡＫＢ48は前田さんにとって何ですか」と尋ねられた当時十五、六歳だった前田はこう答えている。

「自分にとって何だろうなあ……。う～ん居場所？　自分の居場所」

家庭にはなく、学校にもない自分の居場所。彼女らにとって、それがＡＫＢであり、その劇場だった。そうした思いは当時の楽曲とも同調している。

前出の『軽蔑していた愛情』はこのインタビューとほぼ同時期の作品だが、そのカップリング曲に『涙売りの少女』がある。いまのＡＫＢでは聴けない類いの曲だ。

〈この夜の片隅で／誰にも忘れられて／雑誌で見た／街を一人／泳いでる回遊魚／学校はつまらない／友達はメールだけ／海の底で／暮らすような／苛立つ息苦しさ（中略）もしも何か夢があれば／全力で走れるのに／今いる場所もその未来の／地図もない〉

あえて共犯者という言葉にこだわれば、前田の語った居場所は「アジト」とか「秘密基地」と言い換えてもよいだろう。元倉庫だった秋葉原の劇場はそんな感覚と奇妙にマッチしていた。

思えば、一昔前は世間からわが身をかわせる隠れ家がもっと街にはたくさんあった。それらは「溜《た》まり場」なんて呼ばれていた。

個人的に思い出すのは「SAV」だ。一九七〇年代の後半、渋谷の青山トンネルの脇にあった。いつもプログレとかジャズとかがかかっている喫茶店というか、飲み屋だった。半地下の店で、六本木通りに面した入り口の壁面にはゴシック体で「GENESIS」といった海外のバンド名が書き連ねられていた。高校生だった私は授業をさぼっては、そこに入り浸っていた。

テーブルの上には「サントリーホワイト」とハイライト。手元には「月刊セブンティーン」と「mimi（月刊の少女漫画誌で、現在は休刊）」。似たような学生や高校生たちがいつも所在なげに集まっていた。渋谷だけでも、そんな店は何軒もあった。

やがて街は浄化され、そうした隠れ家は一つずつ消えていった。現在はネット空間が代わりにあるという声も聞くが、身体性という点で溜まり場といまのネット空間は異なる。世間から隠れた、しかし匿名ではない生身の関係性だけが持つスリル。それが秘密基地の魅力であり、その醸成には物理的な空間が不可欠だったのだ。

そのことはＡＫＢがなぜ面白かったのかにもつながる。その理由は身体性に依拠していたからだ。つまり成功の秘訣《ひけつ》は、劇場という空間（秘密基地）をまず用意したという特異な戦略にあったのだと思う。それはヲタの隠れ家への飢餓感を確実に捉《とら》えた。ショービジネスに疎い運営集団の発想だったことは、劇場のセリの数が偶数（通常は中央が目立つように奇数）だったことからも明らかだ。だが、そんな素人の直感が結果的に百戦錬磨のプロたちの常識を凌駕《りょうが》した。

実はこうした戦略を採用したのはＡＫＢだけではない。二〇一一年にメジャーデビューするや、三カ月後には日本武道館を満杯にした「ＳＥＫＡＩ　ＮＯ　ＯＷＡＲＩ（セカオワ）」の歩みもよく似ている。京浜急行に空港線という旧貨物線がある。メジャーデビューの五年前、彼らはその沿線にあった旧印刷工場の地下に「まず仲間が集まれる場所を」

と手造りのライブハウス（ｃｌｕｂ　ＥＡＲＴＨ）を築いている。

共犯者たちがいた。彼らは日々、都会の極北にある秘密基地で宴《うたげ》を繰り返した。そこは世間に背を向けた窮民たちが唯一、人としての自己を回復できる空間でもあった。私が初めて秋葉原の劇場を訪れた際に感じた寒さは、窮民にも共犯者にもなれていない己の半端さにも起因している。

剣呑《けんのん》ではあるが、イスラーム武闘派の代名詞ともいえるアルカーイダにもＡＫＢとの同時代性を感じる。彼らはアフガニスタンという地球の果てに、欧米が支配する世界の常識に背を向けた物理的な空間を拓いた。世界の常識など顧みない秘密基地。世界の欺瞞《ぎまん》に憤る一部の若者たちはそこに吸い寄せられていった。ちなみに「カーイダ」はアラビア語で「基地」を意味する。

でも同時に、ＡＫＢとアルカーイダには大きな違いがある。組織としてのＡＫＢの目的はあくまで商業活動であって、イデオロギー集団ではない。それがこのグループの限界でもあった。全国の若年ファンという巨大マーケットにグループが進出し、テレビへの露出が活動の柱になればなるほど、劇場という原点は枯れていかざるを得ない。売れれば売れるほど、その魅力が削《そ》ぎ落とされてしまうというジレンマをこのグループは抱えていた。セカオワもまた似たような道をたどっているように見える。

「ようやく『卒ヲタ』できます」。ある日、例の古手ヲタである職場の知人が少し寂しげにそう苦笑した。結成十周年の直前、立て続けに初期からのメンバーが「卒業」していった。彼の「推し」もその一人だった。「推し」との切れ目は彼の好きだったＡＫＢの物語との別れでもあるのだろう。

人気メンバーが「神７」と呼ばれていた時代があった。人間が物神化の対象になるという倒錯した時代をいま私たちは生きている。生身が行き交う個別の居場所は永遠には続かない宿命にある。いま、前田敦子の言っていた一つの居場所が消えていこうとしている。「十周年」を迎えた劇場ビルを訪れた際に感じた寂しさはそこにあった。

しかし、人はいつも居場所を求め続けてしまう。次の居場所はどこに出現するのか。もはや異空間にしか宿れない生身の人間に触れようと、私もまた、日々街を漂流している。

第三章

あのころ「学舎」があった

ＪＲ成田駅に到着する間際、意識せぬまま、ぐっと腹に力が入った。気合いが入るというやつなのだろう。わがこととはいえ、若い時分に刷り込まれた身体の反射にほとほとあきれてしまった。

二〇一六年三月二十七日。三十数年ぶりに三里塚闘争（成田空港建設反対闘争）の集会をのぞいた。毎年、この時期はふと空を仰ぎたくなるような一瞬に襲われる。一九七八年三月二十六日。当時、高校一年生だった私はその日、空港反対派の支援部隊の一員として三里塚現地にいた。成田空港の開港予定日を四日後に控えたその日、支援部隊が空港敷地内に突入し、管制塔を占拠した。

駅舎はすっかり様変わりしていた。集会場は成田ニュータウンにある赤坂公園。聞いたことのない場所だったが、西口のバス停には会場の案内係が立っていた。主催する三里塚芝山連合空港反対同盟は一九八三年以降、分裂を重ねて、この日の集会は中核派などの支援を受ける「北原派」が開催した。

公園近くのバス停で降りると、濃紺のヘルメットの機動隊員たちが立っている。対抗するように会場の入り口には、白いヘルメットに旗竿《はたざお》を抱えた支援団体の「防衛隊」が三人立ち、わずか離れたところに七十人ほどの私服の公安警察が群れていた。なじみの光景だったはずだが、近年、国会前の集会にすっかり慣れてしまった目には新鮮に映った。

予想していたとはいえ、参加者はかつての十分の一にも満たない。街宣右翼が会場近くを走り回っているらしい。支援団体の「右翼の妨害を粉砕しぃ」といった発言にも、どこか寂しさを覚えた。かつては街宣右翼など近づかせもしなかった。

まだ、集会は続いていたが、小一時間で集会場を後にし、再び成田駅へと向かった。その昔、私が五年ほど通ったとある団結小屋の跡地を訪ねてみたくなったのだ。最寄りのバス停は「菱田《ひしだ》」。だが、東口のバスターミナルも変貌し、どの乗り場に並んだらよいのか分からない。尋ねた案内所の女性も首をかしげている。

迷った揚げ句、ようやく駅から一日片道十本ほどしかないバスで菱田に着いた。団結小屋の跡地まで四十分ほど歩かなくてはならないはずだが、見慣れない道ができた一方、あったはずの民家がない。三十年以上経つのだから仕方がないのだが、しばし途方に暮れた。

見回すと乳牛たちが草を食《は》んでいた。そうだ、あのころも牛がいた。記憶の糸をたぐりながら、畑と水田、林に囲まれた道を往く。団結小屋のあった集落に着くと、見知らぬ大きな果樹園があった。

顔なじみだった反対同盟の人たちも、大半が移転したと聞いていた。そこからさらに北へ数百メートル。柵の向こうに、やはり見たことのない不気味な建物があった。地図には「千葉県警察多古訓練場」と記されていた。ライフル射撃の訓練もするSAT（特殊急襲部隊）の訓練施設なのだという。

反対闘争は、暫定滑走路付近にある農地をめぐる裁判を軸に続いている。この日の集会では、農民の代表が「闘争が先細りする中、原点に立ち戻り、かつて分裂した一方のグループにも共闘を呼び掛けよう」と訴えていた。

しかし、ことには時宜というものがある。春に蒔《ま》くべき種は秋に蒔いても育たない。おそらく、こうした「本音」の発言が可能になったのは、分裂の主役だった支援セクトの力が落ちたからだろう。発言に拍手はまばらだった。

人の記憶と世間での時間の流れにはいつも溝がある。戦争なんて生まれる前の遠い昔のことと思っていた自分が、三里塚に通い始めたのは敗戦から三十三年後。現在は管制塔占拠闘争から、それ以上の時間が過ぎている。自分にとってはつい昨日のことのようでも、世間では「三里塚」と聞いても、ピンとこない人たちの方がもはや多数派であるに違いない。

三里塚闘争をテーマにした書籍や記録映画は数多くある。詳細はそちらに譲るとして、この場で略史を紹介するとこうなる。

ことの始まりは一九六〇年代。高度経済成長に伴う新国際空港建設計画は、建設予定地をめぐって二転三転した。それが最終的に決まったのは六六年である。当時の佐藤栄作内閣は地元住民に何ら説明することなく、建設地を千葉県成田市三里塚に閣議決定した。

寝耳に水の農民らは反対同盟を結成し、ピーク時には約一千戸、三千人を組織した。農民の多くは旧満州（中国東北部）からの引き揚げ者や、復員兵らの開拓農民たちで、食うや食わずの生活からようやく営農にめどが付いたころだった。数年前に始まったばかりの国策のシルクコンビナート（近代的養蚕）事業に私財を抛《なげう》った人たちもおり、再び国策に翻弄されることに憤りは高まった。

当初、反対運動の支援の主流は社会党（当時）や共産党だったが、共産党は翌年の空港公団による外郭測量の際、座り込みをする反対同盟に「挑発に乗るな」と言い放って退いたため、反対同盟は絶縁。社会党も選挙目当てという本音を見透かされ、脱落した。

代わりに登場したのが、新左翼系の三派全学連だった。彼らは団結小屋を築いて常駐する。団結小屋は最盛期には四十ほどあったはずだ。その後、三里塚は文字通り「戦場」となった。一九七一年、空港公団は土地収用の代執行を請求し、反対同盟と支援部隊は機動隊と激突。警官三人が死亡し、反対同盟の若者で組織する青年行動隊のメンバーの一人も「空港をこの地にもってきたものを憎む」と書き残して自死した。七七年には反対運動のシンボルだった大鉄塔が抜き打ち撤去され、その抗議の最中、野戦病院を防衛していた支援者の青年が機動隊の放ったガス弾を頭部に受けて、命を落とした。

管制塔が占拠されたのはその翌年だ。この闘争でも、支援者側に死者が出ている。空港は二カ月遅れで暫定開港はしたものの、その後も空港周辺での反対派のゲリラ闘争は、毎週のように繰り広げられた。

ここで反対闘争の激しさに慌てた財界などが仲介に動き、政府と反対同盟の対話の試みが水面下で始まった。一方、八三年三月、反対同盟は最大支援セクトの中核派と青年行動隊の対立を軸に分裂。青年行動隊の主流を含む熱田《あつた》派は九〇年代、政府と話し合いに踏み切り、政府はそれまでの姿勢を謝罪した。これを機に反対同盟の人たちの移転が加速した。一連の闘争で警官、支援者ら十人以上が命を落とした。

個人的には、三里塚に通ったのは七八年から八三年までの五年余だった。きっかけは故福島菊次郎氏の『戦場からの報告』という一冊の写真集だった。脱穀機にしがみつく老婆の歯を折り、畑を蹂躙《じゅうりん》する機動隊員たちの姿を撮った一葉の写真に衝撃を受けた。その後、高校生新聞のつながりで知り合った他校の先輩にオルグされ、初めて三里塚に援農に出かけた。サトイモの植え付け作業の後、その農家のお母さんに「親御さんはここに来ているのを知ってるのかい」と心配され、言葉を濁したことを覚えている。

当時、三里塚は解放区だった。バス停から団結小屋までの行き来も油断できない。運悪く機動隊のパトロールと遭遇すれば、陰惨なリンチを受けることは必至だった。実際、そんなことがしばしば起きていた。

相手方も同じだったようだ。随分後に、仕事で神奈川県警の警察官と話をする機会があった。彼はこちらの過去を知らずに「昔は成田警備にも駆り出された。パトロール中、どこで過激派と遭遇するのかと、心底恐ろしかった」とこぼした。

ただ、そうした「暴力」の側面よりも、三里塚闘争の価値は農民たちが自らを変えて、社会の在り方を模索した面にあったように思う。その意味で、三里塚は「革命の学校」だった。革命の実験場と言い換えてもよい。

ただ、そう公言するには逡巡《しゅんじゅん》がある。反対同盟（熱田派）事務局長だった石毛博道さんは『ドラム缶が鳴りやんで』（朝日新聞成田支局著）という本の中で、こう語っている。

「自分らは別の所に住んでいて、この地域を犠牲に何かやるというのは、地域住民からすればたまらない。結局、三里塚闘争の支援者は、空港に反対した地域の人達が、少しでも良い状態になるということを望んで支援したのではなく、農民の政治闘争や反権力闘争の面だけを支援したということだ」

その批判に返す言葉はない。それでも闘争の日々に垣間《かいま》見た現地の青年農業者たちの試行錯誤は、いまも反原発運動や他の抵抗の現場に通じる貴重さを持っていると信じる。

当時、若輩ながら青年行動隊の人たちとの飲み会の末席に何回か加わらせてもらった。

そこでポッリと漏らされた彼らの言葉は、いまも心に残っている。例えば、一枚岩に見えた反対同盟の中にも、本家と分家、さらにはわずかな土地しか持たない農業労働者に近い人たちの間に「格差」があること。そうした現実に彼らは真摯に向き合っていた。

力のあるボス農家は同盟内でも発言力が強い。大手の政治セクトは平等や社会主義を看板に掲げているにもかかわらず、政治力を獲得したいがために、そうした農家に援農を集中していた。それが農民の間の営農格差をさらに広げていく。

「隣の家の田んぼの水をこっそり抜いてでも、自分ちの田んぼをよくしたいと思うのが百姓ってもんだ」。一人の青年行動隊員はそう苦笑した。そうした利己をどう克服していくのか。実際、働き手がいつ逮捕されてもおかしくないという状況下で、経済的に余裕のない農家ほど、闘争から離脱していった。同盟が崩れてしまう前に、なんとか一丸となって成果を得たいと考えた人びとは当局との話し合いを模索し、秘密交渉を暴露されては「裏切り者」と扱われ、同盟を離れていった。

闘争と生活の軋轢《あつれき》をどう乗り越えるのか。お互いをどう支えられるのか。古い農村共同体から、未来社会を担う生産者の共同体へ。地域ボスや親世代との摩擦を怖れず、一部の青年農業者たちは農村社会のつくりかえに挑んでいた。

そうした試みの一つに菱田地区の自主基盤整備があった。一九八〇年ごろのことだ。この地区には起伏のある土地が多く、水はけの悪い「深んぼ」と呼ばれる水田が少なくない。酷いところは腰まで水に浸《つ》かる。農民は長年、そうした田と格闘してきた。開港後、そこに目を付けた政府・公団は「成田用水」という土地改良事業を農民に持ち掛ける。水はけをよくしてやろうというのだ。だが、これは「毒入りまんじゅう」だった。

というのも、滑走路一本の不完全空港を拡充するために、次段階の二期工事が計画されていた。その二期用地内にある農家は用水事業の対象外だったからだ。用水というアメによって、反対同盟を分断しようという企てだった。

少なからぬ農家が賛成に回る中、青年行動隊はその撤回を訴え、「戦う農業」と銘打った自力での基盤整備に挑む。水田に土管を埋め込んで排水する独自の暗渠《あんきょ》事業に乗り出した。当時、回し読みされた青年行動隊の討論記録が手元にある。そこにはこう記されている。

「反対同盟は、出て行く者に対しては、なんにも出来なかったりよ、これだけ大きな組織がありながら、生活面とか、その営農とか、そういう問題についての力というのは何一つない」「戦う農業っていうのは、戦える人間づくりって意味なわけだっぺよ。要するに、政府の言いなりになってやってく農民であってはさ、いくら戦う、戦うといってもさ、それは言葉に終わっちゃうわけよ」（『青行隊通信・第伍號』一九八〇・五・二十五）

そうした言葉を「我々は我々が放り込まれた暗闇を振り払い、そこから抜け出さねばならない」というフランツ・ファノン（アルジェリア独立運動の思想家）の一文と重ね合わせ、私も手伝いのために水田用のゴム足袋を履いては、へっぴり腰でスコップを振るった。しかし、そうした試みを横目に「確かな営農基盤抜きに闘争は続けられない」と考えた人びとは成田用水を選び、反対同盟を去って行った。

「ワンパック野菜」運動という産直運動もあった。この運動については、いまも三里塚で「循環農業」を追求する元青年行動隊員の小泉英政《ひでまさ》さんの著作『土と生きる』（岩波新書）などに詳しい。

市民運動などから定期購入者を募り、無農薬野菜を配送する運動で、当初は闘争の中での農民の負傷や長期拘留といった事態を予想し、苦境に陥った農家を相互扶助で支え合うことが狙いだった。実際、青年行動隊の少なからぬメンバーたちは、行政代執行の際の刑事事件で裁判中の身だった。判決次第では、長期の拘束を免れない状況下にあった。

各々が土地を提供し、共同で生産し、給料を受け取った。一時は生産者六軒、消費者側の会員は千四百人にまで成長したというが、やがて農家それぞれの事情でワンパック運動は終わった。

あれこれの試みがあったが、もはや記憶が定かではない。ただ、闘いには個人の決意だけでは乗り切れない局面がある。利己的な一人一人が闘いを通じて共同性を編む。青年たちの試みは、末端支援者の一人である自分の目にはコミューンづくりに映った。

こうした志向の画期性はいまも色あせない。反原発運動での「安全確保」という都市生活者の論理は、メシを食わねばならない原発立地では通じにくい。そこには現地の人びとの生活という壁がある。原発依存という麻薬は歴史的な産物だ。麻薬に手を染めず、自立した産業構造をどう築けるのかという問いに、まだ明確な答えはない。大義や正義という理屈だけでは万人を支えきれない。それは、あのころの三里塚と同じだ。

平凡で保守的な農民が一揆を起こした。一揆の中で、次の社会の担い手にふさわしい自分たちを模索する。そこに三里塚闘争の輝きがあった。普遍性は個別の中に宿る。反原発に限らず、あらゆる闘争の現場で、生活と闘争は互いに桎梏《しっこく》となる。それを乗り越えようと、身を挺《てい》して向き合った三里塚はまさに「革命の学校」だった。

そうした闘争の全体像を彩る意味合いとは別に、三里塚は当時、十代だった私や同世代の仲間たちにとっても社会を学び、生き方を手探りする学舎だった。すでに内ゲバの泥沼にどっぷり浸かっていた新左翼運動界隈《かいわい》で、三里塚は数少ない真っ当な反権力闘争の現場だった。七〇年代後半、決して多いとは言えないが、それでも私の知る限り百人を超す高校生たちが三里塚を軸に出会っている。

手元に実家で荷物整理をしていたときに見つけた一枚のビラがある。いま風の「フライヤー」ではなく、手書きのガリ版刷りだ。

タイトルには「東京・F学園（実物では実名）の不当な政治処分糾弾／Kさん（これも実名）の復学をかちとろう／高校生にも思想・信条の自由はある！」とある。

一九七八年、東京の女子のミッションスクールに通う高校三年生がいた。三里塚に興味を持ち、あるセクトを通じて現地を訪ね、系列の高校生集会にも参加した。帰り道、公安警察の尾行に気づかず、自宅を割られて、学校にも通報された。自宅謹慎になった。その後、親が学校の圧力に屈し、「自主退学」した。たしか、そうした経緯だったと思う。

ビラの末尾に「激励先」として、Kさんの住所が記されている。「金子荘」とある。きっと、自宅を飛び出したのだろう。この復学闘争では、F学園の校庭にKさんを先頭としたゼッケン姿の数十人の他校の高校生たちが警備員らをなぎ倒してなだれ込んだ。とはいえ残念ながら、Kさんが復学できたという話は記憶にない。

Kさんのその後のことは知らない。ただ、こうした出来事は当時、そう珍しくはなかった。私たち自身、処分への怒りはあっても、Kさん個人への憐憫《れんびん》や同情の感情はなかった。三里塚を通じて、不正義を知る。次第にそれが学校教育や社会全般に通じていることを学ぶ。公団職員も学校の教員も同じ「飼い慣らされた大人」に見えてくる。自由とは闘い取るものであり、そこでは弾圧も付きものだ。Kさんは明日の自分にすぎない。そんな風に考えていた。

四学年歳下にあたる尾崎豊の曲は甘ったるくて虫酸《むしず》が走ったが、そうした反抗の気分は尾崎がブームだったころまでは、まだ若者たちに共有されていたように思う。

当時は初めてデモに参加する、あるいは三里塚を訪れる前には「救対（救援対策）ノート」という紙に、住所や家族構成、家族関係、ガサ（住所録やビラ、運動関係の文書）の保管場所などを書き込んで、担当者に預けた。

逮捕されれば、完全黙秘が鉄則だったが、いずれにせよ、仲間はすぐに家宅捜索に備えてガサを回収し、親が警察に泣きつかないように説得しなくてはならない。救対ノートはそのための資料であり、準備である。どこのグループであれ、そうした作業はデモに行く高校生たちにとっては日常風景であり、書き込む際の緊張は通過儀礼のようなものだった。

三里塚に行けば、世間や学校からは過激派（アウトロー）とみなされる。小さな「覚悟」という儀礼を経た高校生たちは、たとえグループが違ってもその時点でどこか仲間意識があった。大学生や労働者に比べ、高校生は親兄弟や学校との摩擦が小さくない。その難問も高校生活動家たちを互いに近づけていた一因だったように思う。

こんなことがあった。複数のグループの共闘会議を新宿の喫茶店で開いていた。一人の髪の長い男子が「遅れてごめん。親に精神科病院へ無理やり連れて行かれて、いま逃げてきたところだ」と駆け込んできた。そこから会議は「家族帝国主義」問題に脱線した。ある女子は「うちの母親はスリッパで殴る。痛い割には痕が残らないかららしい」と言い、別の誰かは「自分は父親に木刀で追い回された」と、親対策の体験談で盛り上がった。

家庭環境や階層に伴う生活観は、学校や地域によっても差がある。同世代でも中学、高校に入る時点で少年少女たちは輪切りにされる。三里塚に通うという共通項は、分断されがちな同世代の他の集団を学び、互いに結びつく機会を与えてくれた。

もちろん、そんな友情や連帯感とは真逆の現実もあった。私がいたグループで、自信家で勇猛果敢ぶった一人の男子がある日、映画好きの女子を連れてきた。間もなく、その女子は闘争で逮捕され、起訴された。面会や差し入れ、裁判の準備と忙しくなる。しかし、最も責任ある立場のその男子は電話にも一切出なくなった。その後、運動関係の場で彼を見かけることはなかった。雄弁な者ほど裏切りやすいという真実も、そうした機会に学ばされた。

学校生活の日常とは遠い実社会との出会いもあった。仲間が捕まれば、弁護士費用をはじめとしてカネがかかる。そうした際は学校をさぼって、ＪＲ高田馬場駅近くの公園に早朝から何人かで出かけた。建築現場での日雇いのバイトだ。当時、最も簡単な工事現場の片付けで、七千円ほどの日当だった。そこで初めて日雇い労働者のオヤジさんたちと会話した。

千葉拘置所（刑務所と併設）にも面会に通った。待合室の一角に「アネさん」らしき女性が座り、後ろに子分らしき男たちが立っていた。その一人が「アンタ、ここでよく見かけるけど、暴走族かい」と聞いてきた。「いや、暴走族というよりは空港の方で……」と答えたが、どうも相手は要領を得ない。すると、アネさんが小声で何かを告げた。子分はうなずいて「ああ、過激チャンかい。そりゃあ感心だ。ただ、人生いろいろある。もし行き詰まったら、千葉は栄町《さかえちょう》のK会を訪ねておいで」と妙な激励を受けた。幸い、行くことはなかった。

そうした一つ一つの体験から社会を学んだ。それは学校とは別の「学舎」だった。

「若気の至り」を決して悪いこととは思わない。若気抜きにはできないこともある。一介のヘタレ活動家であった自分のような者でも、三里塚では決意だけで飛び越えねばならないことがあったし、それを他人に迫ったこともあった。獄に長く囚われることもなく、いま平穏で人並みの生活を営んでいられるのは、単に運が良かっただけだろう。

人の集団（組織）という魔物も学んだ。それにまつわるあれやこれやの不条理にうんざりし、いいかげん疲れてもいたのだろう、二十代前半のときに運動の現場を離れた。最後に三里塚の集会に行ったのは、反対同盟が分裂した一九八三年三月八日の分裂集会だった。その後、私の周りには一部の全共闘経験者たちのような同窓会はない。

ただ、数年前、偶然、再会した他校の仲間だったKから、Kと同窓だった仲間のFが死んだことを聞かされた。Fは寡黙な少年でオルグ一つできなかったが、朴訥《ぼくとつ》とビラを撒《ま》き続けるようなタイプだった。Kによると、Fは高校卒業後、ギャンブルで借金を重ねて行方不明になっていたが、送られてきた高校の同窓会名簿で死んでいたことを初めて知ったという。死因は分からない。

そのKもとっくの昔に運動から離れ、サラリーマンをしているが、どこか精神的に不安定なようだった。いまでもおよそ年に一回、レンタカーで三里塚周辺を回り、犠牲者の墓や闘争の跡地を訪ねているという。「どうして」と理由を尋ねたが、口ごもったきり黙り込んでしまった。

ハッピーエンドな話ではない。それでも私はいま「学舎」の存在を切望してしまう。随分久しぶりに三里塚の集会をのぞきに行ったのも、そうした気分が心の底にあったからかもしれない。

沖縄を除けば、いま国家権力に大規模な集団で異議申し立てをしているような地域は、全国的にも乏しい。東日本大震災の後の「絆《きずな》」という言葉に象徴的な同調圧力が社会を覆い、それは福島ではいま新たな「安心神話」に化けている。電脳空間をのぞけば、異論を唱える他者に、多数派が集団で匿名のバッシングを加えている。そうした所作はすでに電脳空間からはみ出し、現実世界にまで溢れ出ている。その傍ら、人びとは権力の情報操作に容易に踊らされている。

どこに病巣があるのか。なぜ、自分がしんどいのか。それを知るには眼前の社会、日常を相対化することが手っ取り早い。もう一つの社会に身を移し、それまで苦しめられてきた社会を対象化することで、自由への道は拓かれる。光の当たる外に身を置いて、初めて闇をのぞけることがある。息苦しい社会を異様と体感できる空間は、精神の健康のためにも不可欠だ。

そうした体験を可能にする解放区がかつて首都中枢から電車で一時間ちょっとの距離にあった。人びとの実力によって、国家権力の介入を許さない自由な空間があった。電脳空間の想像力では届かない、もう一つのリアルな風景があった。それが三里塚だった。

仕事で最近、二〇一一年度に自衛隊制服組官僚たちがつくった「国家改造計画」ともいうべき部内研究を読んだ。彼らの視線は現政権とシンクロしている。内容は軍事のみならず、公教育にも言及しており、そこには「成田闘争の正当化等国策妨害を教育するのではなく……」という記述があった。ちなみに一九九五年、村山富市《とみいち》首相（当時）は歴代政府の強硬姿勢について三里塚の住民たちに謝罪している。彼らはそうした史実もカーキ色に塗りつぶしたがっている。よほど、人びとが正気に戻れるような空間が邪魔に見えるらしい。

「学舎」だった三里塚。一つ一つの闘いには始まりもあれば、終わりもある。それを含意して、人びとは「第二、第三の三里塚を」というスローガンを掲げた。この国のいたる所に権力に抗《あらが》い、かつ傷ついた人びとが再生できるような空間を設けようとした。

スローガンは残念ながら、まだ理念の域にとどまっている。だから、この「学舎」には卒業生がいない。ただ、校舎がどうなろうと、かかわった諸個人が生徒であったことに変わりはない。提出期限のない宿題は私も含めて、一時《いっとき》でも籍を置いた人びとにいまも課せられている。

第四章

「雑民」たちの浄化

気がつくと「雑民」たちの姿は消えて、代わりにLGBTという衣をまとった「市民」たちが跋扈《ばっこ》していた。

LGBTとはレズビアン、ゲイ、バイセクシャル、トランスジェンダーの頭文字を組み合わせた性的少数者を指す略称だという。近ごろ、メディアのあちこちで見かける。でも「だという」としか、私には言いようがない。自分もその対象（トランスジェンダー）に当たるのだろうが、しっくりこない。むしろ、窮屈さの方が先に立つ。

違和感を持て余していると、ふと雑民という言葉を思い出した。この方が落ち着く。ゲイ雑誌を主宰し、テレビの政見放送で物議を醸した故東郷健《けん》さんが愛用した呼称である。

二〇一六年五月七日。汗ばむ陽気の中、その日、私は東京・渋谷駅から代々木公園に向かっていた。公園入り口にあるNHKの前では、ガードレールに横断幕を結びつけ、どこかの人たちがNHKに抗議していた。何についてかはよく分からない。

そこを通り過ぎると、今度は「カンボジアフェスティバル」という催しが開かれていて、屋台が並んでいた。道の脇ではカップルが、発泡スチロールの皿に盛られたカレーと焼きそばを頬張っていた。

その先にようやく白地に赤、青、黄色のストライプのテント群が見えてきた。NPO法人「東京レインボープライド」が主催するフェスタの会場だ。翌日に予定された性的少数者のパレードの前夜祭というか、前日祭である。彼らは四月二十九日からこの八日までを「レインボーウィーク」と名付け、各種のイベントを催していた。

この種のイベントは苦手なのだが、催しの運営委員で、古い友人でもあるレズビアン活動家のTから久しぶりに会いたいと連絡を受けていた。それと、その日に起きるであろう「ある出来事」を見ておきたかった。

人を掻《か》き分けて、ようやくTの姿を見つけた。Tに手を振るや、すぐにその出来事が起きた。メディアのゼッケンを着けたテレビクルーたちが小走りに会場の入り口に向かう。

眼鏡をかけた中年女性を取り囲むように、十人ほどの黒いスーツ姿の一群が入ってきた。囲まれている女性は自民党政調会長（当時）の稲田朋美氏である。彼女は直前、党内で性的少数者に関する特命委員会づくりを指示していた。この日の名目は視察だったが、実際にはデモンストレーションに近かった。

野次馬としては悶着《もんちやく》を予想していた。というのも、彼女は党内右派の論客で、性的少数者たちとソリの合わない家父長制の信奉者と見られてきたからだ。彼女の側から見れば、いわば敵陣に乗り込んだに等しい。

黒い一群のSP（要人警護の私服警官）の間を割って入るように、一人の小太りのゲイ男性が稲田氏に近づいた。思わず身を乗り出したが、期待は見事に外れた。その男性はにこやかに頭を下げ、彼女の手を両手で握った。稲田氏も何やら笑顔でうなずいている。

その一群は同性婚の実現を求める弁護士らのブースなどをのぞき込んだりして、二十分ほどで姿を消した。マッチョ風のSPの男たちの反応が楽しみでしばし眺めていたが、そこはプロ。表情にブレはなかった。

「政治家って、たいしたもんね」。いつの間にか、隣にいたTがため息をついた。Tは一九九〇年代からのパレードを知る数少ない現役のスタッフの一人だ。

この一幕の後、会場内を歩いてみた。婚礼用の白いタキシードが二つ並んだアパレル系のブース。マイクロソフト、グーグル、IBMといったIT企業が並んでいる。資生堂やら性風俗の求人サイトの運営会社やらもあった。アルファロメオは派手な車を展示していた。

　盛況で、明るい。一昔前なら主役級のボンデージ姿のゲイもいたにはいたが、どこか所在なげだった。というのも屈託のなさそうな爽やかタイプの当事者が来場者の主流で、ノンケ（性的多数者）たちも少なくない。いかがわしさは払拭され、法令順守が金科玉条なのか、端にあった喫煙コーナーでは主催者が年齢チェックまでしていた。

　汽水域。河口など淡水と海水の混じる水域のことだが、まるでそんな感じだ。Ｔは「ノンケはヤオイ（ゲイを題材にした漫画や小説などの愛好家たち）が多い。当事者もすっかり脱色され、その両者が調和しているって感じかな」と、人波を眺めてつぶやいた。

　昔ながらの怒りのメッセージを記したプラカードも目にしたが、一枚だけ。古参のトランス女性のとまとさんが掲げていた。フェスタではお楽しみに徹するということなのか。旧知の活動家もほとんど見かけなかった。居心地が悪いというよりも、どうにも身の置きどころが見つからず、私は早々に会場を後にした。

　降って湧いたような昨今のＬＧＢＴブームである。当事者たちが起こした波なら、主張に共感できるかどうかは別にしても、それなりに心がざわめく。しかし、今回は他人事のように感じる。加えて、その語り部たちの半知半解ぶりが気分をますますしらけさせる。

例えば、Tの意味であるトランスジェンダーについて、彼らが使う定番の前置きがある。いわく「心と身体の性が一致しない」というやつだ。でも、考えてほしい。「身体の性」はともあれ、「心の性」とはいったい何なのか。言うまでもなく、それは異性愛か同性愛かという性指向とは異なる。ゲイは自らが男性という性自認を前提（つまり「心の性」なるものと「身体の性」は一致する）にして、男性が好きなのだ。そのことを踏まえて、いま一度、心の性とは何を意味するのか。そんな根本すら、語り部たちは問おうとしない。

ＬＧＢＴと一括りにされがちだが、実際にはそれぞれの間の溝は深い。「心は女（男）なのに、間違って男（女）の身体で生まれてきた」と考えるトランスジェンダーの一部には、同性愛者を嫌悪する一群すらいる。この種の人びとにとっては、異性愛者の方がゲイやレズビアンよりも身近な存在であり、ＬＧＢＴと括られること自体、苦痛なはずだ。

ちなみに当事者、とりわけ活動家たちの間ではこうした違いは自明のことで、共通する問題について互いに助け合っていくという繊細で脆《もろ》い関係が成立してきた。その関係の維持に心を砕いてきた分、そうした事情に鈍感な「部外者」による乱暴な括りには反発も少なくない。

それでもブームは膨れた。直接の理由は自治体の同性カップルに対する施策にある。二〇一五年四月、東京都渋谷区は全国で初めて「渋谷区男女平等及び多様性を尊重する社会を推進する（通称・同性パートナーシップ）条例」を施行し、十一月から「パートナーシップ証明書」の発行を始めた。条例方式ではないが、東京都世田谷区や三重県伊賀市、兵庫県宝塚市なども類似の制度を始めている。

これらの制度は世間から「同性婚の一種」と早合点されがちだが、一般男女の法律婚とは全く別物である。厳しい言い方をすれば、「儀式」に準じるものにすぎない。

条例という強い制度的な支えのある渋谷区ですら、法律婚の夫婦ならば可能な「特別養子縁組」を結ぶ仕組みはない。これは養子と実親との親族関係を無効にするシステムだ。

それだけではない。証明書を得たところでパートナーに財産の相続権はなく、税制上の優遇措置も適用されない。社会保障制度も同様である。入院中の面会、手術などの同意も「今後、期待できる」というレベルで、家族向け区営住宅に入居できるという程度のメリットしかない。

ちなみに同性カップルを理由に業者が不動産を貸さない場合、渋谷区は業者名を公表するとしているが、これとてペナルティーはない。しかもこの不況下、実際にそうしたトラブルが起きているということもあまり聞かない。

少ない効能の割には、証明書を申請するカップル側の経済的負担は小さくない。申請には任意後見契約と合意契約の公正証書が必要だが、ある当事者によれば、自前で作成しても五万～十万円の費用がかかる。行政書士に依頼すれば、二十万円以上が相場だという。条例ではなく、要綱で制度が定められている世田谷区などでは公正証書は不要で当事者の宣誓だけでよく、かつ無料で証明書を手にできる。だが、目に見えるメリットはますます乏しい。

渋谷区では二〇一七年四月一日現在、証明書を手にしたカップル数は十七組にとどまっている。ちなみに世田谷区でも、同日で四十八組。この数字からは沈黙しながら、新制度を冷ややかに捉えている当事者たちの実相が垣間見える。

ただ実利が乏しくても、この証明書を同性婚実現に向けた一歩と積極的に捉える人たちはいる。自民党もそう考え、だからこそ懸念したのだろう。天皇制に連なる伝統的家族観が壊されかねないという危機感。それが稲田氏の音頭で党内に「性的指向・性自認に関する特命委員会」を設けた理由だろう。とはいっても、欧米を中心に同性婚の受容は世界的な流れだ。二〇二〇年東京五輪の開催国としても、「同性婚絶対反対」と声高に訴えるわけにはいかない。

特命委員会が作成し、党総務会で了承されたこの問題についての「基本的な考え方」には、「カムアウトする必要のない社会」の実現や「現行の法制度を尊重しつつ、網羅的に理解増進を目的とした諸施策」の推進が記された。差別禁止のみが先行すれば、当事者がより孤立する結果などを生む怖れもあるなどと、一見「思いやり」に溢れている。しかし、ここからは当事者が差別を告発したり、現行法に担保された差別的制度の改革を断念させるという意図が読み取れる。

これまでさしたる議論もなく、突然登場したかに見える自治体のパートナーシップ制度。いったい、誰がその制度創出の下絵を描いたのだろうか。たしかに方向性では一致する

「ドメスティック・パートナーシップ（DP）法」の構想自体は、十年以上も前に当事者らが主張していた。二〇〇四年には『同性パートナー―同性婚・DP法を知るために』（赤《あか》杉康伸《すぎやすのぶ》、土屋ゆき、筒井真樹子編著）という本が出版されている。だが、この議論は広がることなく、雲散霧消した。

「広告代理店」。制度の火付け役について、何人かの当事者たちに尋ねると、異口同音にそうした答えが返ってきた。皮切り役の渋谷区の場合、パートナーシップ条例案は二〇一二年、長谷部健《けん》区議（現渋谷区長）が提案している。同議員は博報堂の元社員だ。

二〇一二年。この年に水面下で何かが起きていた。この年の七月、「週刊東洋経済」「週刊ダイヤモンド」という大手経済誌がほぼ同時にLGBT特集を組み、「LGBTは巨大マーケット」「LGBTは人材の宝庫」とぶち上げた。それに連動するかのように、それまで性的少数者とは何のゆかりもなかった大手企業が相次いで「LGBTフレンドリー宣言」なるものを打ち上げている。

二〇一六年の東京レインボープライド（パレード）のオフィシャルマガジン「BEYOND」には、株式会社LGBT総合研究所の社長インタビューが掲載されている。ゲイの当事者ということだが、同社も博報堂のベンチャー企業だ。思えば、訪れたフェスタの会場の一角には電通ダイバーシティ・ラボのブースが陣取っていた。この間、電通は「人口の7・6パーセントがLGBT」という、当事者感覚からはどうにも誇大としか思えないキャンペーンに腐心している。

「昔のパレードの冊子作りは、協賛企業の広告を集めるのに四苦八苦だった。でも、今回は大企業が向こうから寄ってきて、しかもプロが助けてくれる」。Tは「時代は変わった」と苦笑いしつつ、そう漏らした。

当事者が何もしていない、してこなかったとは言わない。ただ、いまのブームの仕掛け人は当事者ではない。だからなのか、一連の動きにもノンケの目線にいかに合わせるかという気遣いがそこかしこに感じられる。

典型例として渋谷区のケースを見てみる。証明書の取得第一号は、元タカラジェンヌと会社経営者のカップルだった。メディアは写真や映像付きで二人の笑顔を報じた。二人ともそれなりに美形だ。ノンケにも違和感はないだろう。

しかし、当事者は知っている。ゲイの同性カップルには中高年も少なくない。浅草や東上野あたりには、そうした中高年ゲイを客層にしたサウナやホテルがいくつもある。その周辺では夜間、背広姿の五十代くらいのオヤジカップルが人目を忍ぶように、手をつないで歩いていたりする。私にはほほ笑ましく見えるが、世間の反応は違うだろう。

そうした人びとはこのブームのイメージからは排除されている。有料、無料を問わず、ゲイの出会いの場であるハッテン場が表立つこともない。不特定多数による性的行為が日常のそうした場は世間の良識に反する。だからなのだろうが、そうしたリアルを消去したゲイのイメージなど、もはや私にはファンタジーにすら見えない。

こうした当事者性の薄さは差別という問題の本質も拡散してしまう。渋谷区の制度を提案した長谷部区長は区議時代、桑原敏武《くわはらとしたけ》区長（当時）とともに、区の宮下公園の「ナイキパーク化」を主導した。これは区がスポーツ用品大手、ナイキジャパンに公園の命名権を年間千七百万円で十年間譲渡するというものだ（二〇一七年三月に中途解約を発表）。この整備に伴って、それまで宮下公園を住《す》み処《か》としていた野宿者たちは強制排除された。

長谷部氏は二〇一二年、三菱地所や東京ガスなどが加わるエコッツェリア協会のトークイベントで「企業を巻き込むというやり方で、ホームレスが寝泊まりして児童公園として活用できなかった場所を、ナイキに働きかけてバスケットコートなどに整備してもらった。(中略)企業は宣伝になるし、渋谷区はやっぱり税金を使わないで今度は公園が整備できた」と得意げに話している。

「ピンクウォッシュ」という言葉が浮かぶ。イスラエルは「ゲイフレンドリー」を自負している。今回のフェスタにもイスラエル大使館は出展していた。ただ、この姿勢にはパレスチナ人に対する人権侵害を覆い隠すためのイメージ戦略という非難がある。その批判を込めた表現がピンクウォッシュだ。渋谷区のパートナーシップ条例は、日本版のピンクウォッシュではないか。野宿者排除に抗った活動家たちからはそんな批判が上がった。

あながち、それは的外れではないだろう。先のトークイベントで、長谷部氏はこうも語っていた。「次の街づくりのキーワードはダイバーシティ(多様性)で、(中略)LGBTの人なども、うまく活用できないかということも考えています」。差別への憤りは微塵《みじん》も感じられない。反差別ではなく「活用」。そこにこの条例の一面が透けて見える。

「怪しいブームね。十何年か前、トランスジェンダーは『性同一性障害(GID)の人』

に塗り替えられたでしょ。あのときとそっくり。今度はゲイやレズビアンが塗り替えられる」

　数年ぶりにあった年上のトランスジェンダーである三橋《みつはし》順子さんは、そう苦笑した。新宿・歌舞伎町のうらぶれた居酒屋。大学講師でもある彼女はいわゆる「女装」界のご意見番である。

「十何年か前」の塗り替えというのは、二〇〇三年七月に成立した「性同一性障害者の性別の取扱いの特例に関する法律（通称・特例法）」をめぐる一連の動きのことである。この法律にはＧＩＤと診断された人たちを対象に、いくつかの要件を満たせば、戸籍の性別が変えられることが定められている。

　トランスジェンダーはニューハーフといった接客業の「プロ」、女装クラブに蝟集《いしゅう》するような「素人」にかかわらず、昔から存在していた。ただ、知っての通り日陰者だった。そうした境遇から脱するには、自らの性を肯定して多数派の偏見と闘うのか、多数派の納得できる建前を掲げて同情を引こうとするのか、道は二つに分かれる。

　私の解釈では、この法律は後者の選択だった。多数派による差別と闘うのではなく、間違った身体で生まれてきた「かわいそうな障害者」をアピールする。その救済をしてほしいと媚《こ》びる。多数派の理解を得るのに医療概念は最適のツールだった。

当時、法案の成立を願う当事者団体は、懸命に国会議員にロビー活動をした。そのころの情景を思い出すと、現在のＬＧＢＴブームの演出と酷似している。ある団体は容姿が優れているメンバーを選んで、ロビー活動を担わせた。議員のアレルギーを避けるためだが、それは元タカラジェンヌが前面に押し出されている現在のＬＧＢＴブームとよく似ている。

ニューハーフや「趣味女」と呼ばれたカムアウト前の「女装者」は「気の毒な障害者」のイメージとは合致しない。そうした当事者たちの方が実際には多いのだが、彼らは運動から排除された。これも現実の裏面を覆い隠す現在のＬＧＢＴブームと同じだ。

性同一性障害という医学的概念によるトランスジェンダーの塗り替え。それがたとえ「毒まんじゅう」だとしても呑《の》み込むしかないという切羽詰まった思いが、当事者たちにあったのは事実だ。しかし、医療による線引きや、子どものいない当事者のみが性別変更できるといった特例法の要件（後に「子」から「未成年の子」に緩和されたが、撤廃はされなかった）は、当事者同士をズタズタに引き裂いてしまった。

この法案を牽引《けんいん》したのは、意外にも自民党の右派だった。なぜか。家父長制信奉者の彼らは当時、男女共同参画の流れを覆そうと、共同参画の理念の支えであるジェンダー（社会的、文化的に構築された「らしさ」の性）概念を否定しようとしていた。「らしさ」概念は、家父長制を貫く性的役割分業を破壊しかねないからだ。

その否定に性同一性障害は格好の材料だった。なぜなら特定の性に生まれてきたのに、当事者たちは異なる性で生きたがる。それは生物学的な「障害」のためであって、後天的な性（ジェンダー）など存在しないと主張するには最適のサンプルだったからだ。

特例法騒動の渦中、「性の自己決定」を訴えるようなトランスジェンダーもいるにはいたが、そうした声は「かわいそう」にしがみつく当事者たちの激情に掻き消された。

それから十余年。いま「かわいそう」を支えてきた病気の根拠が消えつつある。二〇一八年に改訂される世界保健機関（WHO）による「疾病及び関連保健問題の国際統計分類（ICD）」の新バージョン（第十一版）では、性同一性障害が疾患リストから外されようとしている。病（障害）ではなく、個性にすぎないという捉え方だ。塗り替えのペンキは剝げ落ちつつある。

三橋さんが漏らしたゲイやレズビアンの塗り替えは何によってなされるのだろうか。それは多数派（ノンケ）の同性愛者理解に基づく「彼らも市民」という良識によってだろう。同性愛者たちへの理解。理解されれば幸いだろう。しかし、そもそも理解されなくてはならないのか。あらゆる差別問題がそうであるように、性的少数者問題とは本来、性的多数者が持つ偏見の問題だ。同性愛でいえば、その本質は異性愛者問題なのだ。

この原則に固執したのが東郷さんだった。「誰が誰を愛しても自由な世の中が来ていいはずです。いいえ、来るべきです」。彼は選挙演説でこう訴えた。

個人的に知る東郷さんはイタイ人だった。自らのゲイ雑誌で使ったモデルの青年に報酬の不払いで殴られ、レズビアンバーの従業員にケンカを売って、逆に向こう脛《ずね》を蹴られて涙を溜めている、そんな無様な光景を何回か見た。

ただ、彼は決して多数派に媚びなかった。彼の政見放送によれば、「雑民」とはゲイのみならず「異常者」「変態」「パンパン」といった社会の底辺者を指す。理解されようがされまいが存在する人たち。その存在とプライドに彼は終生、依拠しようとした。

フェスタの人波を眺めながら、運営委員のTは「明るいよね。でも明るいだけ。みんな同性婚にあこがれる。なぜと聞くと、白いタキシードやらウエディングドレスやらを着たいと屈託がない。その半面、若い運営委員の中には『府中』や『新木場』を知らない子たちが増えている」と苛立ちを隠さなかった。

「府中」とは、一九九一年に東京都の施設「府中青年の家（すでに閉鎖）」が「青少年の健全育成に悪影響がある」と、同性愛者団体の利用を拒否した事件である。拒否された団体の青年らは「同性愛者差別だ」と都を相手取った損害賠償請求訴訟を起こし、九七年に原告全面勝訴の判決が確定した。

一方、「新木場」は東京都江東区新木場の夢の島公園で二〇〇〇年二月、ゲイと思われる男性が撲殺された事件など、この公園で発生した複数のゲイに対する襲撃事件を指す。この公園はゲイのハッテン場であり、逮捕された少年らはいずれも同性愛者が警察に届けられず、抵抗できないことを踏まえて襲撃し、金品を奪った。当事者の活動家らは事件の背景に、社会の同性愛者差別の黙認があると指弾した。

東郷さんの被差別者の存在を明示するという闘いは閉ざされることなく、後の世代に多数派社会に対する告発として引き継がれた。パレードの「プライド」という名称も、その精神を継承していたはずだった。

しかし、その闘いはここに来て「多数派の理解を得よう」という運動に変質した。摩擦を怖れ、歓迎されるために少数派は多数派が呑み込みやすい装いを凝らそうとする。それは一種の擬態といってよい。家父長主義者であれ、資本であれ、支援する非当事者たちが反差別とは全く別の意図を抱いていれば、なおさらその傾向は加速する。装いはやがて装いのレベルを超えて、当事者たちのアイデンティティを蝕《むしば》んでいく。

「クローゼット」という隠語がある。自分の性自認、性指向をカムアウトしない状態をクローゼットに掛けて暗喩する言葉だ。「LGBT」というフィルターを通して、当事者たちはいま「市民」という第二のクローゼットに回収されつつあるように感じる。

はっきり言っておきたい。理解と共生は全く別物だ。メディアや良識派は「理解の促進が大切」と説く。自民党も同じだ。しかし、ここで使われる理解とは多数派の言語で説明することだ。その同化と融合圧力こそが、少数派への自覚なき暴力にほかならない。ここでは理解が差別を生むのだ。

理解するのではなく、分からないことを大切にする。性は闇。それでいい。そのうえで違いを対等に認め合う。それが共生の前提である。昨今の「LGBT」ブームには、その原点がない。なにより当事者自身がその原点を理解せず、自分たちの居場所を自ら掘り崩そうとしている。「システムが整えば、暮らしやすくなるというものではない」。三橋さんはそう断言した。

愚かしいことはおよそ明るい。だが、その明るさから暗がりに退却しようとする人たちもいる。当事者たちと話していて「パレード派」対「二丁目派」という表現を耳にした。「私たちのことを私たち抜きで決めないで」。この反差別運動の原則はいま、「私たち」同士の間で突きつけられている。

第五章

アジールの崩壊

十年ぶりに会ったその男の名刺を見ると、姓こそ昔と同じだったが、名が変わっていた。

「インターネットっていうのは迷惑なもんですわ。務めが終わっても、検索すると昔の肩書で名前が出よる。おかげで銀行口座も開けん」

こちらの怪訝《けげん》な表情を察したのか、男は自分から改名の理由を説明し、苦笑交じりにあごを突き出した。二〇一六年六月、久しぶりに大阪を訪れた。わさわさとしたこの街の喧騒は、そうした当人にとっては深刻な悩みもどこか笑い話にしてしまう。

男とはかれこれ二十年以上も前、とある事件の取材で知り合った。いまは「堅気」である。だが、ネット上に出ている肩書は、かつて大阪・ミナミで名を轟《とどろ》かせた山口組系有力組織の幹部のものだ。男とはその後も年賀状を交わしていたが、ある時期から息子さんの名で届くようになり、別の事件で服役したことを風の便りで知った。

「今回の問題が公になるたしか三、四日前のことだった。その日は井上（邦雄・山健《やまけん》組組長。現・神戸山口組組長）の誕生会で自分も行ったんだけど、彼は（分裂の決断を）おくびにも出さんかった。後から『何で言わんかったの』と聞いたら『知っても困るかなと思って』の一言。分裂したのは弘道会《こうどう》（名古屋市　司《つかさ》忍《しのぶ》・六代目山口組組長の出身母体）による利権の独り占めが最大の原因だろうね。これは関西地区の誰もが思っとること。要は『幹が太って、枝は細る』ということですわ」

男は「自分はもう堅気」と何回も繰り返したが、いまも業界や警察からの相談事が少なくないらしい。そして、言葉の端々からは「神戸」の旧友たちへのシンパシーがうかがえた。

日本最大の暴力団、六代目山口組の分裂は二〇一五年八月二十七日の同団体の緊急執行部会で、直系組長五人の絶縁と八人の破門が決まったことで表面化した。切られた側は九月五日、新団体「神戸山口組」を立ち上げた。

当初は、四代目の座をめぐって山口組と一和会に分裂し、二十九人の死者を生んだ「山一抗争（一九八四～八九年）」の再来が懸念された。実際、神戸山口組の有力組織、池田組（岡山市）の若頭（ナンバー2）は二〇一六年五月、弘道会の組員に射殺されている。だが、この事件も全面的な報復合戦にエスカレートすることはなかった。その後も実話系雑誌には「いよいよ全面抗争へ」「水面下の和解工作」などと、あれこれ見出しが躍ったが、二〇一七年四月、神戸山口組が事実上、再分裂。離脱した一群は新たに「任侠《にんきょう》団体山口組」

を結成し、対立関係は一段と複雑になった。

一昔前、アンダーグラウンドの事件ネタを追うことが多かった私だが、神戸山口組が六代目山口組から割って出たことは青天の霹靂《へきれき》だった。極道ネタを生業にするライターたちは分裂が表面化した後、それぞれ「自分は何カ月も前から知っていた」と情報通ぶりを競っていたが、内部でも問題が顕在化したのは緊急執行部会のわずか一週間前だったという。六代目山口組の関係者によれば、神戸山口組に加わった幹部の一人が山口組本部の当番に来る途中で突然引き返し、当番を欠席したことが異変に気づく端緒になったという。ちなみに分裂した二〇一五年は、山口組にとって創立百周年の記念すべき年だった。

分裂をめぐるあれこれの事情については後に回すとして、大きな背景としては九二年に施行され、その後、五次にわたって改正、強化されてきた暴力団対策法（暴対法）と、警察主導で都道府県が制定してきた暴力団排除条例（暴排条例）による締め付けが影響している。

暴対法は近代法の見地からは、かなり危うい法律だ。それが一種の「身分法」だからである。ヤクザ罪と言い換えてもよい。もちろん、司法当局は自分の意思でヤクザを辞めることは可能なのだから、身分とは言えないという理屈で正当化している。とはいえ、ある人物がヤクザか否かを判断するのはあくまで当局であって、当人ではない。ヤクザの違法行為については現行刑法で十分対応できるにもかかわらず、この法律はヤクザの存在そのものを「社会の敵（反社会的勢力）」として否定することを目的につくられた。

例えば、指定暴力団の構成員らが興行のチケットを誰かに購入するよう求めれば、取り締まりの対象になる。チケット売り自体は合法行為であっても、指定暴力団の構成員という属性によって犯罪とされるのだ。これは「法の下の平等」や「罪刑法定主義」という憲法概念に抵触する恐れがある。

それでも「ヤクザはろくでなしだから構わない」というのが、大方の世間の反応だろう。しかし、落ち着いて考えてみたい。そもそも社会の内部にはあれこれ問題が尽きないが、それを構成する人びとの間で絶対的な敵と味方の線引きは可能なのだろうか。社会の敵という規定とその排除の論理を肯定すれば、知らぬうちに誰もが第三者によって排除の対象とされかねない。この法律はそんな危うさをはらんでいる。

暴排条例はより深刻な問題を内包する。例えば、東京都暴排条例には「都民等の責務」という項目がある。「暴力団排除活動に資すると認められる情報を知った場合には、（中略）当該情報を提供すること」が都民の責務だと記されている。責務という表現は穏やかではない。要は当局が丸腰の市民に「チクる」という行為を通じてヤクザとの対決を強いているのである。さらに、この構造は役所や警察組織の相対化を許さず、それらが絶対的な正義だという前提に立っている。

しかし、論理的な矛盾はどうあれ、暴対法や暴排条例の効果はじわじわと浸透していった。俳優の高倉健が二〇一四年に亡くなった際、大半の一般紙はその訃報記事で、彼が主演した任俠映画のスチール写真を使わなかった。「ヤクザ賛美」と受け取られることを恐れて、自主規制したのだ。すでに極道ネタを扱う一部の実話系雑誌やコミックは、コンビニなどの店頭から排除されている。

そして現実のヤクザからは事実上、人権が剝奪された。指定暴力団の構成員と認定されれば、証券取引はもとより、銀行口座すら開けず、住居の賃貸契約もできず、ホテルや料亭、ゴルフ場の利用を禁じられ、生活保護など社会保障制度からも閉め出される。振り込みができないため、ヤクザだけが子どもの給食費を現金で納めざるを得ないのだ。

それだけではない。市民もヤクザと付き合えば、ペナルティーが科せられる。ある建設業者は中学時代の同級生だったヤクザとゴルフをしただけで、役所から「密接交際者」と認定され、公共事業から外された。市民社会においては、相手が誰であろうと法に触れない限り、交流は基本的に自由なはずだ。だが、こうした「常識」は掻き消され、ヤクザを踏み台にした「村八分」や「非国民」の論理が蘇《よみがえ》っている。

「おれは昔、正業を持てと言うたけど、実業家になれと言うた覚えはない。いま、みんなどないしてカネもうけてンのやろうなぁ。外車に乗って、派手にして、みんなカネもってるやろ」「ええ、そうみたいやわね」「そりゃあなァ、警察の人間も腹立つやろな。外で、暑い暑い中、防弾チョッキ着て、給料安いのにやってはる。一方は涼しい顔して外車に乗って、なんや訳のわからん仕事してる奴がええカッコしとったら、そら腹も立つで」（『さようなら　お父さんの石けん箱』由伎《ゆき》著）

一九八一年に亡くなった山口組の三代目組長、田岡一雄との会話を長女の由伎さんは自著にこう記している。

暴対法や暴排条例によってヤクザへの締め付けが厳しくなる中、二〇〇五年に前任の五代目組長、渡辺芳則《よしのり》（山健組二代目組長）を後継した山口組の六代目組長、司忍（本名・篠田建市《けんいち》）が掲げた路線はズバリ田岡イズムへの回帰だった。

司は若い時分から、熱烈な田岡の信奉者で知られている。その田岡の真骨頂はリアリズムにある。はぐれ者が社会に存在し、暴走しかねない以上、それを食い止めるのは生活の安定（正業の獲得）と「組」という集団による抑制しかないという論理だった。司もこの考えを踏襲するとともに、暴対法などを堅気（市民）が受け入れた背景には、ヤクザ自身の堕落もあったと考え、堅気と共存しうる「俠客」の復権を掲げた。

現代社会に俠客など冗談か、時代錯誤ではないかと揶揄《やゆ》する声も聞こえたが、司を若い時分から知る愛知県警の暴力団担当ＯＢは「あれは本気だ。そもそも弘道会の求心力は司の人間性、カリスマ性にある。裏表がなく、化石のようなヤクザだ。彼は五代目と違って『銭ゲバ』のタイプではない。暴対法以前は、われわれにも『若い者が何かやらかしたら遠慮なく言って下さい』とよく話していた」と振り返る。

とはいえ、海千山千がひしめく極道世界である。言葉だけでは通じない。カリスマをカリスマたらしめた「右腕」がいた。かつては弘道会のナンバー2で、現在は六代目山口組若頭である髙山清司《たかやまきよし》である。髙山の子分の一人は「親分（髙山）は朝、顔を洗っているときからヤクザ。二十四時間、ヤクザという人」とその印象を漏らす。第三者には意味不明だが、髙山の緻密《ちみつ》な情報力と群を抜いた戦闘力は、その世界の誰もが認めている。その豪腕により、名古屋の新興団体にすぎなかった弘道会（旧弘田組）を全国区の頂点にまで押し上げた。

カリスマの思想と鉄の規律を支える豪腕。弘道会関係者の一人は「髙山さんはかねがね『親分（司）は人が好い。だから俺は嫌われ者に徹する』と言っていた」と語る。先の愛知県警OBは「司と髙山は『陽と陰』。司だけでも髙山だけでも、あの世界のトップには登り詰められなかっただろう」と、二人の関係を説いた。

いずれにせよ、司の六代目就任により、弘道会の厳しい規律が山口組総体に持ち込まれた。しかし、奔放だった世界にある日、厳しい統制が持ち込まれれば、摩擦なしとはいかない。ただでさえ山口組は歴史的に関西が主流の組織で、名古屋の弘道会は外様だ。その外様がトップとナンバー2の座を独占し、「次の七代目も弘道会出身者から選ばれる」という憶測が流れる中、巨大組織のどこかに反逆の芽が吹いても不思議ではない。

加えて、六代目山口組では下部団体に会費（上納金）のほか、一括した飲料水や日用雑貨の購入も課していた。会費とは別のその費用は「月に五万から二十万円」（神戸山口組系組員）など諸説あるが「収益は全て弘道会に吸い上げられている」（同）と、強い反発を生んだ。

こうした反発に対し、六代目山口組側は「暴対法下、民間の葬斎場が使えず、組の関連企業が組葬などの施設を運営している。その関連会社が水の販売などに携わっており、収益はその会社の運営資金にすぎない」と反論し、水掛け論になっている。だが、どちらの言い分が真実かにさして意味はないだろう。ようは互いに気にくわないのだ。

水面下で不満が膨れる中、二〇一四年六月に高山が立件に強引さが目立った恐喝事件で収監された。満期出所まで五年四カ月。この不在が分裂の歯車を大きく回した。「鬼の居ぬ間」は分裂の好機に違いなかった。改正暴対法も分裂組には追い風になった。というのも、弘道会にどれだけ戦闘力があろうと、一昔前のような抗争を展開すれば、「特定抗争指定暴力団」規定などにより、組織ごと潰されかねないからだ。

弘道会関係者も分裂が明らかになったころ、「若い者が下手にはねれば、親父（六代目組長）がパクられかねない。だから、自重を徹底している。抗争相手の死体が見つからなきゃ分からないなんて言う人もいるけれど、これだけ防犯カメラが溢れているご時世に、それも容易ではない。しばらくは互いにメディアを使った舌戦になるだろう」と見通した。


この分裂はヤクザ界全体を動揺させた。最大団体の内紛という意味だけではない。極道世界は本質的に弱肉強食とはいえ、掟や筋目が絶対の世界だ。それに照らせば、「神戸」側に心情を寄せる人でも、その行動の正当化は難しかった。

ヤクザ組織は疑似家族である。その紐帯は「盃《さかずき》」によって結ばれている。親子の盃を一度交わせば、親分は「親」。その出来がどんなに悪かろうと、子は耐えねばならない。それがヤクザ組織の原理だ。神戸山口組による分裂劇はそうした掟に反していた。

盃システムの本質について、アウトロー学の碩学《せきがく》である作家の猪野健治《いのけんじ》さんが私に「極道になる人間は自分に自信がない人が多い。それゆえ、上の者に徹底して尽くすことで自らの存在証明を得ようとする」と説明してくれたことがある。すでに引退した山口組系の元組長も「神戸（山口組）の行動は謀反と見られても仕方がない。『盃』の重さが絶対だった自分たちの世代にはとても理解できない」と嘆息した。

この元組長は続けて「今回は『山一抗争』のケースとは全く違う。山一のときは竹中（正久《まさひさ》）さんの四代目（山口組組長）就任に不服な人たちが一和会をつくった。ただ、彼らは四代目と盃を交わす前に袂《たもと》を分かっている。だが、今回は親子の盃を交わした者たちが反旗を翻した。これを許せば、ヤクザ社会の秩序が崩壊してしまう」と危ぶんだ。これが動揺の正体だった。

もちろん、そうした掟はすでに幻想にすぎないという声もある。映画『仁義なき戦い（広島死闘篇《へん》）』で、千葉真一が演じた大友勝利というヤクザの「わしら、うまいもん食ってよ、マブイスケ抱くために生まれてきとるんじゃないの！」という台詞にこそ、ヤクザのリアリティーがあるという見方だ。

侠客や仁義を前面に押し出した一九六〇年代の任侠映画と、『仁義なき戦い』など七〇年代のリアル感を強調した実録もの作品。前者を司路線、後者を神戸山口組になぞらえ、今回の分裂劇をヤクザ観の対立とみる向きもある。しかし、冒頭の神戸山口組に近い元幹部はそんな見方を一笑に付した。

「そんな面倒なことじゃないわ。神戸側の行動が筋目に反すると言えば、その通りやし、出て行った人間にはそれぞれ逡巡があったとも思う。けれど、しのぎ（稼ぎ）が乏しい時代に、水のことやら上納がきつすぎる。ヤクザはサラリーマンと違って組織に看板料を払ってしのぎをするが、看板料が実利より多ければ、商売は成り立たないというのも道理。特に大阪は若い衆が独立し、跡目もいない『ひとり親方』が多い。財力も限られている。実情は謀反じゃなくて『逃散《ちょうさん》』ですわ」

逃散とは中世以降、農民たちが領主の苛烈な徴税などに抗うため、他の領地に逃げた行為である。この説に従えば、今回の分裂劇は差し詰め、疑似家族からの集団家出ということになるのだろう。

ちなみに暴力団の弱体化はアウトローの減少を意味しない。アウトローを生み出すのは暴力団ではなく、社会だからだ。そんなシンプルな現実が新たな問題を醸成する。受け皿を失ったアウトローの行き先だ。

そもそも、ヤクザの「先祖」は十九世紀前半ごろの無宿人である。追放刑などで村や人別帳から外れた者たちが徒党を組み、表社会の外に一家組織を形成した。彼らは博打《ばくち》などを収入源にしていたが、近代以降は炭鉱や港湾、土木建設など肉体労働の領域での人材供給と統制役、または不安定な興業世界に根を下ろした。

その後、敗戦直後の混乱期には弱体化していた警察の代役を務め、とりわけ関東のヤクザ組織は一九六〇年代前半まで「反共抜刀隊」「東亜同友会」など、保守系の党人政治家たちのお抱え暴力装置となり、体制の一部に組み込まれた。

だが、産業構造が変わり、芸能はテレビと大手プロダクションが仕切り、治安維持も警察や自衛隊で完結できるようになり、自民党の党人派が官僚派の政治家に敗北するにつれ、その存在根拠は次第に薄まっていった。バブル期の地上げなど金融資本の下請けともいうべき汚れ役も担ったが、バブル崩壊後に資本の側の脅威になるや、「社会の敵」と突き放された。

さらにパチンコの景品買いといった伝統的な利権は警察の天下り機関に奪われ、建設業などへの介入はこの市場に参入を狙う米国から「非関税障壁」の一部と見なされた。ヤクザ排除は米国政府からの要求でもあり、それを大きな要因として暴対法が登場してきたのである。

しかし、組という組織が崩されようと、アウトローは存在してしまう。社会のモデルから外れる者はいつの世にも必ずいるのだ。

一九六八年の警察庁の統計では、若者がヤクザになった動機の大半が差別と貧困だった。九四年の全国暴力追放運動推進センター（暴追センター）の調査では、動機の二割が「自分のような者でも認めてくれる」という自己承認欲求型である。動機は時代とともに変化するのだろうが、現代の貧困や自己承認欲求のレベルが、昔より低くなっているとは思えない。

暴対法施行前夜、当時は現役だった先の愛知県警ＯＢは「社会の矛盾がなくならない限り、ヤクザになる者は必ず生まれる。それをなくすことは警察にはできない。われわれの役割は連中が市民に迷惑を掛けないようにすることに尽きる。その意味で、暴力団対策の本質は少年法の精神に近い。ヤクザ者の一掃など、現実を知らない霞が関の官僚の戯言《たわごと》。むしろ、連中との関係が遮断されれば、捜査もコントロールもできなくなる」と憤りを隠さなかった。

猪野さんも「暴力団を考えるときに忘れてはならないのが、こうした社会的病理集団がなぜ生まれるのかという視点だ。『こんなに悪いことをしている』なんてメディアが書いたところで、当人たちがそれを一番知っているし、反発すらしない。問題はそうした人びとの受け皿が壊れてしまえば、彼らは抑えなく社会をウロチョロすることになる点。そのことの方がよほど危ない」と、暴対法時代を懸念した。

暴対法が施行されて四半世紀。たしかに暴力団員は減った。

警察白書によると、二〇〇五年には全国で構成員四万三千三百人、盃を受けていないか返した準構成員が四万三千人、計八万六千三百人いた暴力団勢力は、二〇一五年には構成員が二万百人とほぼ半減し、準構成員も二万六千八百人、計四万六千九百人にまで減少した。だが、この数字は暴力団が組織防衛のため、素行の悪い組員を破門、絶縁処分してきた結果であり、組の外縁部まで網羅した数字ではない。

冒頭の大阪の元幹部は「大阪では愚連隊というか半グレまで含めれば、その数は全然減ってない。むしろ、増えている。半グレの後ろには組が控えている。飲食店のみかじめ料も、現在は『暴力団員』とはされない半グレが集めてきて組に上納している。半グレが途中で（みかじめ料の一部を）抜くから、集まる金額は昔より減っているみたいだが」と教えてくれた。

東京のある暴力団関係者も「堅気の人たちにとっては半グレの方がたちが悪いだろう。連中を含めれば、潜在的なヤクザ人口は減っていない。一般社会と同じで、ヤクザ世界も格差社会になってきた。例えば、反グレはヤクザの非正規雇用だ。連中も結局は組に使われている。昔より悪いのは、何かやらかしても誰がやったのか、組員でないからなかなか分からない。それと一部の組は経済マフィア化して資金力を増している。証券会社などを不祥事でクビになった連中を『共生者』として集め、株式市場にも参入している。一方で、技能もなく、厄介ごとを起こしがちな連中は組からも破門され、行き場所を失い、ただの犯罪者集団に成り下がっている」と、極道業界を俯瞰した。

暴力団が表だった活動を控えた分、盛り場も荒れがちだ。名古屋一の歓楽街、錦《にしき》三丁目（通称・錦三）では、かつて作業服のような制服と帽子姿の弘道会の若い組員が夜間、二人一組で「パトロール」をしていた。酔客同士のケンカを見つければ、素早く仲裁し、タクシーに押し込んでしまう芸当を何回か見たことがある。

しかし、十数年前に愛知県議会でこのパトロールが問題視され、それを機にパトロールは中止された。地元のタクシー運転手は「あれ以来、錦三でも妙な店が増えた。ぼったくりやら、不良外国人とつるんだ強引な客引きやらも横行してしまい、いまは荒れ放題」とぼやいた。

ヤクザと縁の深い建設業はどうか。名古屋のある解体業者は、弘道会系の組長の「後援会」会員だった。後援会は十数年前に解散した。組側からの申し入れだったという。「会費は会社の規模にもよるが、月に一万円から五万円ほどだった。一般に工事には住民との折り合いなど事前の『前さばき』が欠かせず、それにはヤクザの存在が必要悪というか、不可欠。その意味で、会費は必要経費だった。以前はヤクザが地元下請け業者の意を酌んでゼネコンに対してにらみを利かせていたが、それもなくなって、最近はゼネコンのやりたい放題が目立つ。元請けのゼネコンがピンハネする工事代金の方が昔の後援会費よりはるかに大きい。暴排の建前には逆らえないが、私らにとってメリットは何もない」

暴排運動によって、大企業には「警察の指導」で警察官ＯＢが暴力団対策の専門家として再就職し、各都道府県には「暴力追放運動推進センター」や「社会復帰対策協議会」といった官製団体ができた。作家の宮崎学さんはこれらを「天下りのための警察のコンプライアンス利権」と批判する。

ただ、それらの機関がさして機能しているとも思えない。愛知県警ＯＢは「例えば、企業の担当者がセンターに『取引先の誰それは暴力団の関係者か』と問い合わせたとする。しかし、たいていの場合、個人情報保護ということで回答を控える。結局、途方に暮れるのは企業の担当者だ」と実状を明かした。

ヤクザなどいない方がいい。そう話すヤクザは少なくない。ただ、人も社会も生身ゆえ、完璧ではない。こけることがある。

魔も差すだろうし、病に臥せることもある。そうした人生のままならなさに人が謙虚だったころ、社会には相互扶助のための各種の自治や自律があった。自律とは掟であり「一宿一飯」はその典型だったといえる。

だが、バブル期を頂点に人びとは次第に不遜になっていったのだろう。バブルが弾け、新自由主義が社会を席巻し、食えないことが「自己責任」と片付けられる時代になって、気がつくとしがみつこうとした相互扶助のシステムはすでに崩壊していた。自治や自律に基づく人間関係は、法の名の下に国家にがんじがらめにされていた。

人間社会は複雑系だが、最近ではそれを国家の法に反するか否かを絶対基準とする警察的な単純思考が支配している。人としての情理が上位で、法は下位なんてことは一昔前には当たり前の話だった。敗戦直後、闇市を違法行為だと糾弾する者などどこにもいなかった。しかし、いま、ネットを見れば、何かにつけ「違法行為」と鬼の首でも取ったように騒ぎ立てる人びとがいる。統治の論理を内在化する「コンプライアンス」信仰は社会の奥深くに浸透している。

かつてヤクザ組織はアジールだった。アジールとは古くはユダヤ教の祭壇やギリシャ、ローマ時代の神殿、日本の寺社仏閣であり、そうした聖域には世俗的な権力は侵入できなかった。つまりは困窮者の逃げ場所である。六〇年安保闘争を担った全学連の委員長、唐《かろ》牛《うじ》健《けん》太《た》郎《ろう》（故人）らも闘争の後に一時、山口組三代目組長の田岡の世話になり、糊口をしのいでいる。

そうしたアジールを支える自律性をヤクザ自身が疎んじ、それも一因として「暴力団排除」の嵐が吹き荒れ、生き残るために再びその自律を取り戻そうとしたのが、六代目組長の司による俠客原理主義路線だったのだろう。六代目山口組の直系組長の一人は「地下に潜行してマフィア化する道もあるだろうが、日本のヤクザは社会の片隅で堅気と共存してきた。その道を警察なんぞに潰されてたまるかという意地がある」と意気込んだが、その山口組はいま、分裂という隘路《あいろ》にはまっている。

人は誰もがこけかねない。アウトローに転落しかねない。転落者を叱りながらも、そうした人びとをどこまで抱き込むことができるのかが、社会の懐の深さのバロメーターである。だが、日本ではいまやヤクザになる自由すらない。ときに追い込まれ、孤独に苛《さいな》まれた人びとが同類を巻き込むように自爆している。

「社会の敵」と喧伝《けんでん》され、一見、市民社会からは遠くに見えるアウトローの窮状は、一人一人の市民の生きにくさに直結している。

第六章

残された旗

二〇一五年十月末、新宿ゴールデン街の「銀河系」というバーが閉店した。それ以来、この街からはすっかり足が遠のいてしまった。十年ちょっとの間、年齢でいうと四十代から五十代にかけ、私はおよそ週に一回、その店に顔を出していた。生活のリズムになっていたと言ってもいい。

正確にいうと、いまも店の看板は経営者を替えて同じ場所に残っている。しかし、一人で店を切り盛りしていた経営者が辞めて、常連客たちも散り散りになってしまった。経営者も常連もいなくなれば、それはもう別の店だ。

店に顔を出すのはいつも仕事が終わってからだった。午後十時半すぎから中央線の終電まで、ときには終電後も、その店でぐだぐだしていた。そこでの私はどこまでも「素」で、精神はあたかもパンツ一枚の状態だった。

閉店が決まり、四、五人の常連たちとどこか別に溜まり場をつくろうと、探してはみたものの、結局、代わりとなるような波止場は見つからなかった。その誰もがこの店の閉店後、ゴールデン街から姿を消した。

「銀河系」が閉まってから約半年後、唐突にゴールデン街が全国ニュースになった。二〇一六年四月十二日に発生した昼火事である。三棟がほぼ全焼し、周囲を含めて約十五軒が被災した。

「銀河系」の客でもあり、知人でもあるピロがママを務める店も二階の屋根と天井が焼けた。彼女は西側のまねき通りで、「グリゼット」という店を開いて六年余になるアラフォーのママだ。

その日、最初に彼女の携帯が鳴ったのは午後二時ごろだったという。深夜営業の店の経営者にとっては、まだ夜中ともいえる時間だ。着信履歴を見ると、知り合いの店のママ。遅いランチの誘いだろうと思い、シカトしたという。

ところが五分も経たないうちに、また携帯が鳴った。今度は借りている店の不動産屋からだった。電話に出ると、不動産屋が慌てふためいてこう言った。

「ゴールデン街が火事だ！　あんたの店にも燃え移るかもしれん！」

一気に目が覚め、現場にダッシュした。

この密集地火災は死者こそ出なかったものの、場所柄から大々的にテレビ中継された。

原因は放火らしく、翌日には容疑者が逮捕された。「グリゼット」にも火が電線を伝わってきた。一階も消火活動でグチャグチャになった。冷蔵庫もダメになったらしい。

「見舞金をもらった。火元で店をやろうと改装していた人から三万円。出入りの酒屋さんから一万円。不動産屋さんから五千円。あと、新宿区からも一万円」

ピロはそう指折り数えていたが、合わせても焼け石に水だった。屋根や天井こそ大家さんが修理してくれるが、内装は自分持ちだという。家賃は休業する間、払わなくて済んだが、肝心の収入が途絶えてしまった。

「それでいまはバイト中。でもね、ゴールデン街って田舎みたいで、被災したほとんどの人たちが知り合いの店でバイトさせてもらっている。私もそう」

現場の瓦礫《がれき》の片付けには総額で二百万円ほどかかったが、それは各店が加盟する同業組合のプール金で賄ったという。この火事を機にゴールデン街全体が違法建築物扱いされ、街が潰されかねないと案じる声もあったが、新宿区も再生には前向きだった。

ピロの慰労を兼ねた飲み会で、そんな状況を聞いたのは火事から三カ月ほど経ってからのことだった。それだけ、あの街と距離が空いてしまっていた。なんだか遠く離れた故郷の近況を聞くような気分だった。結局、被災した店舗のうち、高齢者が営む二軒は閉店したが、そのほかは営業を再開した。

私がゴールデン街に初めて足を踏み入れたのは一九七〇年代後半、高校生のころだった。すでにその一角はアングラとか、文化人の聖地として知られていた。自分も生意気盛りのころだったから、ミーハーに大人たちの世界をのぞいてみたかったのだと思う。

運動（といっても「スポーツ」の方ではない）関係の先輩に初めて連れられて行ったのは、木造の急な階段を上った二階にある「ひしょう」という店。この店はいまもあるが、トイレの壁を埋めていた「ゲバ字（ガリ版による政治ビラの字体）」の落書きが印象的だった。この店にはたしか「中三階」というか、二階と屋根の間に二畳弱ほどの空間があった。「青線（もぐりの売春街）」時代の名残だったのだろう。

同業組合の解説などによると、敗戦直後、新宿にあった闇市がバラックの飲み屋街（竜宮マート）となり、それも一九四九年のGHQ（連合国軍最高司令官総司令部）の撤退令で追いやられ、それらの店の行き着いた先が青線、つまりゴールデン街の原型になったのだという。中三階は警察の手入れの際、客や従業員が屋根伝いに逃げられるように造られたと聞く。

青線は五八年の売春防止法の完全施行で廃止されたが、そこは十数年後にはアングラとかサブカルとかの発信地となった。けれども私が出入りし始めたころは、まだ「立ちんぼ」の男娼たちが端っこの8番街のラブホテル（現在はない）前に立っていたし、性サービスが売りのぼったくり系の店も少なくなかった。

そのころは性に合わなかったのか、結局、その街にはまることはなかった。たぶん、当時の自分には飲み代も高かったし、「アンチ権威主義」というもう一つの権威主義の匂いが鼻を突いたような気がする。西口の「しょん横（思い出横丁）」や「二丁目」の方がよほど気楽に遊べた。

その後、八〇年代には折からの地上げブームで、ゴールデン街の路地に「O建設」の黄色い看板が乱立し、店の並びが歯抜け状態になっていたのを見かけた。しかし、バブルが弾け、残った人びとの尽力もあり、ゴールデン街は再び活気を取り戻した。いまでは外国人観光客の名所にもなり、ピロの話では三百近くの店が営業しているという。

酒場の客はママやマスターに付く。閉店した「銀河系」のママは、伊藤清美さんという北海道出身のピンク女優をしていた人だった。ポルノではなく、あくまでピンクと呼ばないと当人から訂正された。彼女はそれをよく「裸仕事」と呼んでいたが、いまも現役の女優であり、故若松孝二監督の「実録・連合赤軍　あさま山荘への道程《みち》」などにも出演している。

「銀河系」は七八年に開店した。清美さんは二〇〇二年の春、二代目のママとして経営を引き継いだ。誘ったのは映画評論家で、アナキストの松田政男さんだったという。

清美さんが店を引き継いだ年に、私は転勤で十数年ぶりに東京に戻ってきたのだが、「銀河系」を初めて訪ねたのはその翌年か、翌々年のことだったと思う。ピロが経営する「グリゼット」の前身である「じゃこばん」という店を経営していた思想家の矢部史郎《やぶしろう》君に連れて行かれた。それまで「銀河系」には映画や演劇の関係者が多いと聞いていたので、自分には場違いな気がしていた。

朝方まで開いていたせいか、開店が遅い店だった。たまに午後九時ごろに開くこともあったが、概《おおむ》ね十時すぎで、それ以降になることも珍しくなかった。それによく臨時休業した。清美さんの気分だから仕方がない。そう割り切れる客だけが、残ったような気がする。ドアの上の雨よけは破れたままで、ときたま物陰でネズミの走る音がした。後方のソファはほぼ荷物置き場と化し、椅子はシート部分がガムテープで補修された止まり木だけ。画家で作家の森泉笙子《しょうこ》さんの描いた埴谷雄高《はにやゆたか》氏の肖像画が飾ってあった。ボトルが入っていれば、二千円ほどで飲めた。

映画や演劇関係の客が多かったが、そうした人ばかりではない。作家や編集者、福祉施設の職員、大学の教員、銀行マン、女性会社員、党派・無党派を超えた老若の活動家、日系米国人の操縦士、書店員、近隣のお店の人たち……。思い返せば、雑多な人びとが集っていた。「昔のゴールデン街の空気を保っている店」という評判もあったが、清美さん自身は「『銀河系』は『銀河系』。六〇年代や七〇年代のゴールデン街の店とも違う」と言い張っていた。

実際、そうだったかもしれない。「銀河系」が閉店する間際、矢部君はブログで、この店について次のように回顧している。

「（客には）有名人もいれば、裏方もいた。成功した人もいれば、挫折した人もいる。ひとクセもふたクセもある大人が集まって、酒を飲んでいた。そしてみんな、暴力の匂いをさせていた。

そう。銀河系という店には、暴力の匂いがあった。暴力、と言っても、いつも客同士で殴りあっているということではない。そうではなくて、人間の姿勢である。たとえ相手が何者だろうと馬鹿なことを言いやがったら殴るぞ、という姿勢があった。それは、松田政男氏や東郷健氏のような長老クラスから、私のような新入りの若造まで、それぞれ経験も課題も違っていたが、だれもが自分の言葉の奥底に暴力を蓄えていた。

自分の暴力だけを頼りに、ピンで立っていた。」

世渡り上の肩書は、この店では何の意味もなさなかった。権威が否定されるということは、政治が通用しないということでもある。そこが古き良き時代のゴールデン街とも違っていた点かもしれない。もっとラディカルだった。

「暴力の匂い」というが、匂いだけでもなかったように思う。ある日、客同士の諍《いさか》いで腕に覚えのある一方が相手を「瞬殺」した。別の日には当時、七十代だった松田さんが酔って図体のよい男の客に手を出し、怒って暴れ出した男を羽交い締めにした私が床に叩《たた》きつけられたこともあった。ただ、そうした戯れを警察沙汰にするような恥知らずは一人もいなかった。

「歴戦自慢」も馬鹿にされた。あるとき「自分は学生時代、赤軍派で死んだAと昵懇《じっこん》の仲で……」と、初対面の隣客に自慢し始めた輩がいた。「へー、そうですか」とにこやかに調子を合わせていた隣の客は、十年以上も地下に潜行していた赤軍派の元兵士だった。それを知る常連客たちは意地悪く素知らぬふりをしていた。

互いに少し緊張しながらも、ときに弱みをさらけ出せる場所でもあった。ほろ酔いの松田さんに「僕は自らの生き方を下らなかったと思うことがある。君はどう思う?」と目をのぞき込まれたことがあった。大御所の無防備な質問にどう返答したらよいのか、どぎまぎして、うまく返答できなかった。

「一見さんお断り」の店ではなかったが、物見遊山の客には入りにくい店だった。清美さんが何気なく、そう演出していたように思う。客はママに付くが、ママもまた客を選んでいた。

ピンの客たちが集う店である以上、つるむこととは縁遠いはずだった。ところが何の酔狂か、「銀河系」には旗があった。店名を白抜きにした黒旗である。旗を作ったのは福島で原発事故が起きた二〇一一年の、暮れごろだったと思う。その旗を手に、清美さんと数人の常連客、その知人たちが何回かデモに参加した。

旗を作ったきっかけはひょんなことだった。お店が休みの日、何人かの客と清美さんで食事でもしようかと計画した。その日は新宿で夕方から反原発デモがあり、共通の知人たちも参加するので、その様子を見物してから行こうということになった。だが、そのデモは思いの外に盛況で、その人混みのためになかなか約束したメンバー同士が落ち合えなかった。その晩、居酒屋で誰からともなく「こんな日には目印がほしいね。旗でも作るか」という話になった。

どうせ作るのなら本格的にと、店の看板のロゴ通りに染めてくれるよう、プロの旗屋に注文した。できあがった旗を皆で眺めながら「そういえば、客はアナキストだけじゃなかったな。元毛沢東《もうたくとう》主義者もいる」なんて話から、ロゴの中央にある星印の部分だけ筆で赤く塗った。

なかなか見栄えのよい旗だった。となれば、見せびらかそうと、デモにも行くようになった。二十回ほどは行った。多いときには十数人の隊列になった。労働組合でも、政治団体の名でもないから、沿道でメモを取っている公安警察のみならず、他の参加者たちも怪訝にその旗を眺めていた。どういうグループかと聞かれれば「いまどき『何とか派』とかはもう古いでしょ。これからは『系』です」なんて答えては、煙に巻いた。

こんな旗ありきのノリだったが、世の中にはデモに参加することに逡巡を感じる者もいる。弾圧がどうの、世間体がどうのではない。銀河系の常連には新左翼系の元活動家たちもいて、それも中国派、ブント系、構改系など何のまとまりもなく、一昔前に山谷で右翼と白兵戦を演じていた武闘派アナキストもいた。

そうした人たちは概ね、戦線から離れた「脛に傷持つ身」だった。過去の自己と折り合うことは容易《たやす》くなく、政治的な舞台を忌避してきた年月の澱《おり》もあった。まして、参加するデモはかつての身体を張るようなそれでもない。いまさら「市民」を装うのも釈然としない。どうにも中途半端だった。

それでも時折、そうした人たちが参加してくれたのは福島の災禍の大きさのみならず、政治とは縁の薄い若い客や、常連客で編集者のKさんの真摯さに押されたからだろう。どことなく皮肉屋で、元活動家でもないKさんは心底、福島の原発事故に怒っていた。その気迫に脛に傷を持つ面々が圧倒されていた。

綱領的なものどころか意思一致すらなく、まして求めもせず、共有する展望も何もなかった。おそらく唯一、皆が楽しみにしていたのはデモの解散後の飲み会だけだったと思う。そのくせ、逮捕時の救援態勢すら整えていないのに、ときに「好き者」の血が騒ぐのか、国会前でデモ隊を規制する鉄柵をこっそり倒して、群衆の波を決壊させるような悪戯《いたずら》もした。そんな悪戯はどこか照れ隠しのようでもあった。

政治を特別視することに、少し疲れていたのかもしれない。その旗はきっと政治も、ご飯を一緒に食べることも、色恋ネタで盛り上がることも、その全てを覆っていた。だから脛に傷ある人びとも参加してもよい気になったのではなかろうか。清美さんに聞いてみると「デモに参加しない理由もない。やってみてもいいかなと思っただけ」と言って、やんわりと笑った。

旗を作ってから四年弱が過ぎ、いつの間にか、この国の政権も代わり、次第にデモに行く機会が減っていったころ、「銀河系」は閉店した。

閉店の理由を清美さんは「体力がまだ残っているうちに、やりたいことをしたかった」と淡々と語るが、朝方までの営業は五十歳を過ぎた身にはきつかったに違いない。

加えてここ数年、ゴールデン街には若い店主や客が増え、ネットで広まったのか、外国人観光客も数多く徘徊《はいかい》するようになった。「無邪気な顔をした外国人が店の戸をがばっと開けて、遠慮なくのぞき込んでくる。こっちは裸商売を辞めたのに、まるで脱いでいたときのような気分になる。子ども連れだったりすると、思わず『飲み屋をナメンナヨ』って怒鳴りたくなった」。ある日、清美さんがそう口を尖らせた。時ならぬブームの到来は街にとっては歓迎すべきことなのかもしれないが、「銀河系」にはあだとなった。

閉店する直前、清美さんは顔を覚えている客たちに手紙を送った。文章はA5サイズの青い紙七枚に印刷され、計百通ほど出したという。

もともと議論になると、まるでアングラ演劇の評論家の文章のような、面倒な物言いに溺れていく人だったが、この手紙も例外ではなかった。それはこんな調子だ。

「その〈銀河系〉は『私』と同様に、例えば、『事態』を現す言葉として、在りもしました。『私』は予め〈銀河系〉に在ったとも言えるわけです。

その予め〈銀河系〉に在った『私』であるところの私の具現としてのこの身体が、〝銀河系〟と呼ばれることに成った店としての具体としてのこの場所に、立つ時、『銀河系』は出現し、即ち、存在します。

それが『私の店』でした。『銀河系』の出現と同時に『私の店』は消え、『銀河系』が、在りました。

そして、君が、そこに座る時、『銀河系』は出現し、即ち、存在します」

こんな難解な記述を読みながら、私は再び旗の意味を考えていた。ピンの人たちが「つるんだ」ひととき。そこにはいかなる強制もなかった。「つるんだ」というより「交わった」に近い。ただ、その帰属感の薄さが自己の在り方を一層意識させたように思う。

それは無意識にせよ、時代に対する抵抗でもあったようにも感じる。あくまで体感的にではあるが、八〇年代以降、この社会では労働組合や学生自治会に限らず、井戸端会議や床屋政談の場になるような溜まり場、つまりは社会的中間団体の解体が続いてきた。

数年前、現役の学生活動家たちと話をしたとき、彼らが最も欲していたのはサークルボックスだった。大学のサークル施設の学生による自主管理など、いつの間にかなくなっていた。汚い小部屋にたむろし、政治だけでなく、他愛ない話に興じる。そんな一昔前には当たり前にあった空間が、キャンパスからは淘汰《とうた》されていた。

そうした居場所の喪失は人を歪《ゆが》める。

順序立てて言うと、こういうことだ。人がピン、つまり個人であろうとすれば、自分の頭で思考する作業が不可欠になる。状況を分析し、この世界（社会）において自分は何者であるかということを考えなくてはならない。そうした思考は他者との議論によって培養される。ところが、そうした議論を保障する場が消えてしまった。

それでも世の中のＩＴ化を一因として、情報や言説はかつてない量で一人一人に降り注いでくる。とりわけ、権力からのそれは脅しすかしの意図を込めて、わが身に浸透してくる。周辺国の脅威論などは、まさにその典型といえるだろう。

他者との議論によって情報を相対化する場があれば、人はそれらを検証し、そのうえで自己決定できる。しかし、そうした傘を失えば、不安だけが募り、同調圧力に呑み込まれやすくなる。ハンナ・アーレントは「ナチスの悪の凡庸さとは『言葉と思考』を拒むもの」と説いた。つまり「悪の凡庸さ」は思考を育む居場所の喪失によって増幅されていく。とどのつまり、いまの日本社会なのだ。

「銀河系」に、あるいはその旗の周囲で感じた「心地よさと緊張」のうち、心地よさはその空間が居場所たり得たからだろう。ただ、そんな空間に国家とは別物にせよ、上からの秩序（権力）が不用意に入り込めば、その居場所はすぐに腐敗し始める。そうした危険を排する緊張が、常にあの店には漂っていた。たかが小さな飲み屋にすぎなかった。けれども、その場所はこんな時代に個人が個人たり得ることを保障する希有な空間であり、旗はその目印だった。

二〇一六年七月末、炎天下の火災跡地を訪れた。午後三時のゴールデン街の路地は、前夜の喧騒がまるでうそだったように、行き交う人もいない。

電柱にはまだ束ねられたままの電線がぶら下がっていたが、半焼した棟でも真新しい土台や柱が青い工事用ネットの向こうに透けて見えた。人がようやくすれ違えるほどの路地で、職人たちが何かの柵を溶接していた。飛び散る火花にヒヤヒヤした。

惨事はすでに新たな始まりに転じていた。秋になれば、きっといくつかの店が再開するだろうと思った。

ピロの店も修理が進んでいた。結局、内装は材料を買ってきて、店のスタッフやその友人たちと自前でやることにしたという。二階の床にはすでにフローリングが張られていた。

「いま、ゴールデン街の経営者たちの間では『二〇二〇年問題』が話題になっている。この数年は外国人もそうだけど、振りの若い客が増えた。『何これ、チョー面白いんだけど！』って騒いでいる女の子たち、あれね。そうした客に合わせて、ショット売りの店も増えた。でも、そういう客はたぶん残らない。飽きられるのが五輪の二〇二〇年のころ。その後、この街はどうなっていくのかなっていう話よ」

あと十年はやりたいんだけどと言いながら、ピロは冷静に先を見通していた。

火災の半年前に閉店した一軒の店には、一枚の旗が残された。それはいま、常連客だったKさんが保管している。

「銀河系」に未練がないといったら、うそになる。他の常連客たちもそう感じているに違いない。でも、清美さんが閉店前に書いた手紙を読み返してみると、強がるしかないという気がしてくる。そこにはこんな一文があった。

「私が〝銀河系〟に来てからの月日、『君はいつまでここに居るんだろうね』と、誰彼に、時々に、問われ続けてきました。

それは、私に問う誰彼の、自身にむけての問いだったのかもしれませんが」

誰でもピンで立っているのは疲れる。だから安逸がほしくなる。ただ、その居心地のよさに埋もれていると、次第に守りに入っていく。

でも、守りに入れば、やがて包囲され、殲滅《せんめつ》される。攻撃こそが最大の防御だ。私にはこの一文はそうした「叱咤」に映った。こうした解釈のダメ押しは、末尾の一文だった。

「逝ってしまった仲間達、牢屋にいる戦士達、ここに在る皆、感謝します。アンダーグランドとして未分化としてあることを厭わない皆を、尊敬します」

その夏、Kさんや清美さんと久しぶりに飲んだ。その席で残された旗をどうするのかを聞いた。清美さんはあっけらかんとこう言った。

「『店は無くても、既に常に実態は在る』って手紙に書いたでしょ。今度はいつ旗を出したらいいと思う?」

あの黒旗はその後も、ときたま街頭に翻っている。

第七章

食堂が紡ぐモノ

その日、おかわりの一番人気は「いとうさんのからあげ」だった。古今東西、子どもたち、なかでも男の子は肉と油に目がないのだ。そう確信しながら、目の前の麺同士がくっついて絡まっているソーメンの塊を飲み込んだ。

二十畳ほどのスペースに六人掛けのテーブルが四卓、空いた場所に受付の会議机や玩具《おもちゃ》が置いてある。テーブルには両手で抱えるほどの冬瓜《とうがん》に糸を結んだハート形の風船が浮いている。奥の厨房《ちゅうぼう》では五人の女性たちが食事の準備をしていた。

相模原市の生活クラブ相模原センター（配送センター）の二階にある会議室。二〇一六年九月の平日の夕方、閑静な住宅街の真ん中にあるその場所で、五月から八回目になるという『「あいおい」みんなの食堂』が開かれた。昨今各地に広がっている「子ども食堂」の一つだ。

午後三時にスタッフが集まり、四時半に開場。食事は五時半からで、七時半には後片付けを終えて閉める。参加資格は子どもに限らない。食事代は原則、大人が三百円、中学生までが百円。会場のホワイトボードに書かれた当日のメニューには「やまぐちさんのかきあげ、じゅんちゃんのとうにゅうプリン……」と、調理した人の名前が付いていた。

四時すぎに小学四年生の妹と六年生の兄の二人が現れた。兄より背の高い妹は見学に来ていた若い女性とトランプの「スピード」に興じている。「いま、小学校って何が流行《はや》っているの？」という女性の問いに、ポツリポツリと答えている。しばらくして「五時までしかいられないから早く食べさせて」と、小学校高学年の男の子が駆け込んできた。母子の親子連れも訪れた。

受付も含めて七〜八人のスタッフは、一人を除いて全て女性。その女性と子どもたちの空間で、バルーン・アートなる風船による装飾を生業としているボランティアの男性が孤軍奮闘、風船芸を食事前の子どもたちに披露していた。

やがて全員が着席し、スタッフの一人が「今日、初めて来てくれた〇〇君が『いただきます』をしてくれます。それではご一緒に」と声をかけ、食事が始まった。視察に来た地域の民生委員たちもいて、子ども食堂ながら、この日の参加者は大人が二十人、子どもは十一人だった。

子ども食堂は家では十分な食事が取れていない子どもたちを主な対象に無料、あるいは低料金で食事を提供するという催しだ。定期的に開催されている場所は、このころでも全国で三百を優に超しているといわれていた。

この相模原の食堂は、生活協同組合の生活クラブ生協が場所を無償提供している。というより、正確には生協の組合員たちの声で始まった。業務用並みに広い厨房は、かつて生協の調理会で使われていた。「あいおい」の活動日誌には「片付けの際も（会場を）一般参加者だけにしない」など、長年の生協活動で培われた気配りが書き込まれていた。

こうした社会活動の蓄積のある団体だけでなく、草の根の有志が運営しているケースも少なくない。会場は空き店舗や教会、寺院、会社の事務所、個人宅などとさまざま。資金も自治体などの助成を受けている場合もあれば、丸っきりの手弁当というグループもある。農家や食料品店などから、食材の現物カンパを受けている団体が多い。

開催回数も千差万別だが「あいおい」は月に二回。月初めに会合を開き、メニューなどを決める。「スタッフもおいしいという声を聞いて、社会の役に立っているという充足感を得られている」（広報担当のJさん）。食事だけでなく、食事の前後、希望する子どもに学習支援をするところもある。

私が子ども食堂の現場を訪れた理由はシンプルだった。敗戦から七十年余。この社会に食べられない子どもたちが増えている。この単純な事実に、私はうろたえた。最初は実感できなかった。この重大さに比べれば、近隣国の核実験など大した話ではない。

私は半世紀前、横浜の京浜急行沿いにあった工場労働者たちの長屋（社宅）で育った。うちの玄関先には、近隣数軒分の代表電話があった。当時は電話のない家が少なくなかった。そうした環境でも、食べられない子がいたという記憶はない。いまに比べれば、はるかに貧しい時代だったのだろうが、母が忙しければ、隣の家でご飯を食べたし、隣の子がうちに来ることもあった。学生時代に日雇い労働者の寄せ場で、炊き出しを手伝ったこともあったが、子どもたちが住宅地の一角で飢える時代が来ようとは予想もしなかった。

私は子どもがいないせいもあって、子どもと向き合うことが苦手だ。なぜ、君は食事に不自由しているのか。そんなことを初対面の子どもに尋ねられるような度胸はない。それにどれだけ悲惨な話を聞かされても検証のしようもない。

それでも、子ども食堂を見たいと思った。倫理観からではない。それは三十年の記者生活でこびりついてしまった性癖、言ってみれば野次馬根性からだ。

食事が終わり、子どもたちがテーブルから離れ始めたころ、残っていた小学三年生くらいの少年に「今日はどうだった?」と聞いてみた。少年はスタッフの顔色をチラ見して「おいしかった」とぼそっと言った。その後、席を立つ間際「でもカレーが一番うまい」と小声で付け加えた。

「子ども食堂ね。あれで問題が解決されるような言い方をされるとムカつくけど」

ひとり親の当事者団体「しんぐるまざあず・ふぉーらむ」の赤石千衣子《あかいしちえこ》さんは、いつものゆったりとした口調ながら、この日も核心にズバッと切り込んできた。

「結局、親の貧困の深度が深まって、ついに食べられない子どもまで出てきたということ。貧困というのは単純におカネの問題だけでなくて、それで精神を病んでしまうというような余波も含まれる。その結果が家事放棄で、子どもが食べられなくなる。いずれにせよ、親の生活の立て直しが必要なんだけど、それがどんどん難しくなっている。特に母親は自分の親の介護を背負っていたり、働く形態も非正規ばかりで低賃金よね。そのうえ、社会保障も脆弱《ぜいじやく》になる一方。その全てを変えないと、解決には届かない」「相対的貧困率」などの統計はここでは繰り返さない。一つだけ挙げると、女性がひとり親の家庭の平均年収は二〇一〇年に二百二十三万円（このうち、就労収入は百八十一万円で、残りは児童扶養手当や養育費など。厚生労働省調べ）。注意すべきはこの額が「平均」だという点だ。より深刻な事例はあまたある。

収入の問題だけではない。現代の貧困は認知されにくいという意味で、一昔前のそれよりたちが悪い。例えば、食費を削ってでもスマホを持ち続けている人は少なくない。スマホが求職活動に必要なためだが、一見「スマホを持っているくらいだから、まだ余裕がある」と誤解されかねない。親がメンタルを患うケースも、外からは見えにくい。「あいおい」のJさんはこう振り返った。

「子ども食堂を始める前に、生協の組合員同士の集まりでこんな話が出た。ある人は公園で身ぎれいな格好をしている小さな子に『おばさん、パンを買ってくれない？』と突然、ねだられて驚いたと言っていた。別の人は六歳か七歳の子が夕方、保育園に弟や妹を迎えに来ているのを見かけたという。本当は足元で大変な事態が進行しているのでは、というみんなの心配が子ども食堂を始めるきっかけになった」

そうした可視化されない貧困の怖さは食堂を始めた現在も感じるという。「ここに来る子たちの親はまだ大丈夫。自ら情報を得るリテラシーがあるから。本当に来てほしい対象はここを知らない、足を運べない人たちです」。

私が座っていたテーブルに、高齢の男性がいた。白いシャツにプレスされたズボン。同席していたバルーン・アートの青年が自らの仕事について紹介すると、「戦時中には『風船爆弾』というのがあって……」と会話に加わった。近くの市営住宅に独り暮らしで、訪れたのは二回目。最初は回覧板で知ったという。

「あいおい」では、あえて「子ども食堂」という名称を付けていない。それは地域のあらゆる人びとに対して、開かれた空間を目指しているためだ。Jさんは「いまは子どもの貧困が注目されているけど、独居老人の問題も深刻。『大人食堂』が必要になるのは、時間の問題です。そうした事態に対応するには、自力でネットワークを編み込んでいくしかない。この食堂も世代を超えて、見知らぬ者同士が出会える場所に育てていきたい」と展望を語った。

あえて強気を装えば、こうした試みは国や地方行政の不作為を世直しの好機に転じることにつながる。それは地域共同体の再建であり、自治権力の構築でもある。「あいおい」の場合、メニューの選択や食材の調達などについても、上からどうこうと命じるのではなく、時間がかかってもスタッフ同士の対話を重んじている。そうした人びとのやりとりが自治の力になると信じるからだ。小さな食堂の底に壮大な構想がうかがえた。

「あいおい」では食事に来た参加者は受付で名前を書き、料金を払う。それだけだ。なぜ来たかというような穿鑿《せんさく》は一切しない。

もちろん、スタッフたちには困っている子どもたちに力添えしたいという気持ちがある。でも「当事者からメッセージが来るまで待つ」(Jさん)という姿勢が徹底されている。

同時にスタッフには不安もある。仮に深刻な問題を相談された場合、対応しきれるかどうか。それは食堂を開く際、最大の悩みでもあったという。

Jさんは「どんな相談がくるのか。最初から諦めているわけではないけれど、そのことを想像すると、不安が募って食堂など開けないと思っていた。そのころ、一足先に始めていたある団体の方から『何もしてあげられないと思っているくらいでいい』と言われ、やっと踏み切ることができた」と回想した。

そうした「あいおい」とは対照的に、どんな子どものどんな問題でも丸ごと抱えようとする団体もある。

「うちも『子ども食堂』と紹介されがちですけど、あくまで『青少年の居場所』。食事も週に五日間、無償で提供しています」

東京西部で居場所スペースを運営するNPO法人「K（仮名／イニシャルのみ）」。その代表理事であるMさんはそう切り出した。Mさんは長年、中高生向け施設の相談員や民生委員を務めてきた。

「『子ども食堂』を開こうと思っているのだが、という相談はよく来ます。そのたび言うんです。おカネを取って関係を完結させるなら、どうぞと。でも子どもたちと本気で向き合いたいのなら、うちのようにとことんやるべき。でもそれは大変ですよ、と」

「K」は二〇一〇年七月、六畳一間に子ども三人を集めて開設された。一二年二月にNP

Oの法人格を取得した。現在はカトリックの修道会施設の一角を無償で借りている。施設の門扉をくぐると、広い敷地に神学校や教会、修道院、グラウンドなどがあり、俗世とはかけ離れた雰囲気が漂う。

午前十一時から夕方まで開放され、対象は中学生から二十代まで。健常者のほか、知的障害や発達障害のある人たちも訪れる。登録者は約二百七十人で、平均一日二十人ほどが立ち寄るという。行政の支援センターからの紹介もあるが、子どもたちの六割は友人の紹介だ。

スタッフは運営メンバーのほか、学習支援、送迎、調理のボランティアなど約六十人。「自閉症スペクトラム支援士」など聞き慣れない専門資格を持つ人もいる。年間六百万円の経費は行政や企業、宗教団体などからの寄付、チャリティーコンサートに依っている。たしかに世間でいうところの子ども食堂ではない。

「ねえねえ、よく撮れているかな？」

年齢は中学生くらいか。記録係を自任する知的障害のある男の子が、私の目の前にデジカメの画面をぐいと差し出した。「K」を訪れた日の夕食は流しソーメン。玄関先には半分に割った青竹が組み立てられていた。

十人弱の大人と、お椀《わん》と箸を手にした二十人ほどの子どもや青年たちがいた。「一気に流さないで」とテキパキと場を仕切る中学生の女の子は、数年前に中国から日本へ来たという。隣には高校時代の友人を伴った知的障害の女子がいて、近況を大人に話している。少し離れて、数人の高校生ほどの男の子たちがスマホを片手にしゃがんでいた。

中学生の小柄な男の子が一人、はしゃいで走り回っているが、子どもたちは総じておとなしやかだ。子ども同士が言い争うような場面はこの日、一度も目にしなかった。

メニューにはソーメンのほかにオニギリとトリの唐揚げがあったが、トレイの上に余っていた。食べ盛りのはずなのに、誰も箸を出さない。大人たちに促されて、ようやくさばけた。「遠慮するんです。ケンカも滅多にない。ここに来る子たちには、そうしたエネルギーもない」。スタッフの一人がそう説明した。

建物には事務所、厨房を兼ねた談話室、子どもたちが寝そべれる部屋があった。談話室の備品には「○△基金」という寄贈団体の名が貼られ、掲示板にはその月に誕生日を迎える子どもやスタッフの名が書かれている。傍らのパソコンでは、ヘッドホンを耳にドラえもんの動画を熱心に見ている子がいた。

「K」の冊子を読んだ。子どもたちの感想が紹介されていた。「病院に連れて行ってもらった」「二日に一回だったごはんが毎日、食べられるようになった」。以前、学校給食が一日の唯一の栄養源という子どもたちの存在が話題になった。だが、不登校となれば、そうした機会すらない。

「コンビニ製品ばかり食べて、排便障害になった子」「家では廊下で寝ている子」「ホームレスだった子」「リストカットの痕がある子」「母親が亡くなり、父親が再婚するや邪魔者扱いされた知的障害のある子」「中学生になって『ペット扱い』できなくなった母親に部屋の電球やカギまで奪われて、閉じ込められていた子」……。スタッフらから耳にした子どもたちの事情は、テレビドラマのような壮絶体験のオンパレードだった。

そうした子どもたちの「止まり木」。それが「K」のコンセプトだ。Mさんは「一人でも世の中には信頼できる大人がいて、自分を受け止めてくれると分かると、それが自己肯定感になって、子どもは必ず元気になっていく。こちらからは何も聞かない。二年でも三年でも待つ」と強調した。

ただ、「待つ」ことは、ここの「止まり木」では何もしないという意味ではない。その日の流しソーメンには、たれはしょうゆとゴマの二種類が用意され、ネギに大葉、生姜《しょうが》の薬味が付いた。普段の食事でも取り皿と取り箸を備え、立ち食いは許されないという。基本的な生活習慣を備えていない子が多く、しつけが必要という考えからだ。

流しソーメンの後、市販の花火で花火大会をした。子どもたちの表情に興奮の色は見えなかったが、あえて企画したのは「夏の夜にこうした遊びをするという世間の常識を知らないと、この子たちが大人になったときに困るかもしれない」（Mさん）という配慮からだという。

Mさんは子どもをファーストネームで呼んで、ハグをする。「子どもの心の安定にスキンシップは不可欠」と語る。昨年暮れから出入りしている二十七歳の青年に、私がここを訪ねた経緯などを聞いていると、Mさんは横から青年の顔をのぞき込んで「やっと出会えたんだよね」とほほ笑んだ。正直、その距離感に背筋がゾッとした。

Mさんは今年六十七歳になる。「K」を開くにあたって離婚したという。「夫の面倒を見ながら、ここに来る子どもたちと全力で向き合うことはとてもできないと思った」。

そうしたMさんに、少なからぬスタッフが心酔しているようだった。雨で靴を濡らしてきた子どもがいた。事務室でMさんと話していると、以前はフリースクールで働いていたという女性スタッフが「○□君が靴を濡らしてきちゃったんですが」と指示を仰ぎにきた。傍からは「相談するまでもなかろうに」と思えたが、Mさんは細かく指示を与えた。

開設以来、訪れた二〇一六年八月までに「K」は四回移転した。家賃以外にどんな理由があったのかは知らないが、まるで漂流する方舟《はこぶね》のようだ。その舳先《へさき》にMさんは立っている。

ケンカのない「K」である日、健常者の少年が知的障害のある子をからかい、珍しく殴り合いの騒ぎになったことがあったという。しばらくして、健常者の少年が「本当は僕が先に手を出した。あの子に謝りたい」とMさんに告げた。「その誠実さに驚いた。子どもはやはり変わるのだ」。Mさんは最近、感動した体験の一つとして、そんなエピソードを紹介してくれた。

Mさんの懸命さ、スタッフたちの献身。その実践に圧倒されつつも、私は心にざらつきを覚えていた。自分が天の邪鬼《じゃく》だからだろうか。ふと十代の終わりごろ、出入りしたことのある東京・蒲田の繁華街にあった「らんがく舎」を思い出していた。

そこは小学生や中学生の健常児と障害児が一緒に学ぶ塾で、二十代の東大OBの無党派活動家たちが運営していた。スタッフの誰が言ったかはもう思い出せないが、「感動と縁を切りたい」という話が記憶に残っている。

「あの子は字が書けないが、友だちには優しい」といった定番の美談がある。だが、そこには「字が書けて一人前」という多数派の常識が隠されている。その常識、健常者（多数派）優位の意識自体を放置して「共に生きる」などと言えるのか。結論として、有り体の感動（美談）に呑み込まれるなというような趣旨だった。

「K」と「らんがく舎」では施設の目的が異なる。ただ、守る側と守られる側、大人と子どもという無意識の峻別が「K」にはある。善意か否かという問題ではなく、「傷ついた子」を保護し、導くという「K」を貫く空気が私の感じた「ざらつき」の正体だった。

「導く」先にはある種のモデルがある。そのイメージをMさんはこんな風に説いた。

「子どもが育つには母性が不可欠。ところが、昨今は社会に出ることを優先する母親たちが増えた。そのことが子どもたちの悲劇を生んでいる大きな原因だと思う。こうした考えに反発があることは十分に承知している。それでも、お母さんがどんと居間に座って、お茶を飲んでいるような家庭の風景。そうした失われた風景こそ、取り戻されるべきではないのか」

フェミニストたちが目をむきそうなMさんの主張も、おそらく世間ではありふれた考え方なのかもしれない。実際、職場でシングルマザーの同僚に伝えると、「よく聞く話」と動じなかった。「でも、私の周りには自分と自分の子のことしか考えないような専業主婦が珍しくない。それでいい子が育つのかな」。彼女は首をかしげた。

家族愛を過度に強調することが介護自殺や介護殺人を招いているという福祉行政の家族依存の問題点から、反論することも可能だろう。それでも、体を張って修羅場を潜《くぐ》ってきたMさんの言葉には無視できない重さがあった。ひとり親家庭の支援に携わってきた赤石さんはこう話した。

「面倒を見ていた子が勝手に出て行って、十年くらいして『元気だった？』と立ち寄ってくれるのが理想かな。怖いのはね、支援って支配と紙一重だということ。これ以上、踏み込んではいけないという一線はきっとある」

流しソーメンの後、「K」でガンプラ好きの高校三年生の女子と話した。中学生時代に太っていていじめられ、ここに来たという彼女はいまも月一回、顔を出す。「あなたにとってKって何？」と尋ねると、「変な場所。でも家にいるよりはまし」と答えた。

現在の子ども食堂の増殖には、世代の巡り合わせもあるようだ。「リタイアして暇があり、小金があって、社会にも一言あって、つるむのが好き」。団塊の世代の知人は自らの世代をそう皮肉り、子ども食堂がその条件に当てはまると解説した。「だけど、いつまでもは続かない。体力的にあと十年かな」。

振り返れば、二〇〇八年の暮れに東京・日比谷公園に年越し派遣村が現出し、貧困問題が可視化された。派遣村は民主党への政権交代を促す原動力となった。それは「貧困とは社会の問題である」という認識が、まだ世の中で共有されていた証左でもあった。ところが、民主党政権がほぼ自滅に近い形で崩壊するや、この認識も崩れた。政治への失望感が

「貧困は自己責任」という論調を一気に台頭させた。

モノの貧しさには救いようがある。だが、現代の貧しさは人間関係の貧困だ。困っていると声を上げ、助けを求めることすらできない。〇七年に北九州市で「オニギリ食いたーい」とメモを残し、孤独死した男性がいた。いくら不況だといっても、オニギリを分け与えられないほど、いまは貧しい世の中ではない。

たしかに月に数回の食事会はセーフティネットとしては頼りないし、そこでの人間関係についても、Mさんのような志向は復古主義の追い風と化す危険がある。

そもそも田舎のムラ社会が嫌で、都会の個人主義的な生活を選んだ多くの人びとにとって、共同体や家族への回帰という志向はそう簡単に受け入れられるものではないだろう。ただ幸か不幸か、頭に思い浮かぶような農村共同体はすでに壊れている。戻ろうにも現存していない。

原因を探れば、歴史的な経緯が複雑に絡まっている。それを解く方途もまだ見えない。だが、そうした悩ましさを差し置いてみてもなお、たしかなことは食べられない子どもがいるという現実だ。「鬱陶しい」という感情も、人が生きていればこその産物である。そうである以上、鬱陶しいほど関係性の糸を張り巡らすことによって、食事すら満足にできない子どもたちが減るのなら、その方がよほどましなのではないのか。

個人主義的ということでは人後に落ちない私に、あえてそこまで思わせた参加者の感想が「あいおい」の日誌にあった。そこには短くこう記されていた。

「もしもご飯をおかわりや大盛りにできたらうれしいです」

第八章

極北の「持ち場」

もうかれこれ十年ほど、便りを交換している人生の先達がいる。メールやラインやらが当たり前のこの時代に、便箋に文をしたため、封書に切手を貼って送っている。

理由がある。相手がメールの届かない場所にいるからだ。といっても、宛先は日本の国内である。それは刑務所。具体的には徳島刑務所が宛先だ。徳島は全国的にも有数の「LB級」の刑務所だ。「L」はロングの略で、懲役十年以上を指す。「B」は犯罪傾向が進んでいるという分類である。ちなみに軽い方は「A」で表す。

文通相手の名前は和光晴生《わこうはるお》さんという。一九四八年生まれの団塊世代で、二〇〇一年に解散した日本赤軍の元メンバーだ。当人によれば、一九七八年に脱退届を提出。その後、個人としてパレスチナ解放闘争の外国人義勇兵となった。私がエジプトのカイロに勤務していた九七年、レバノンの首都ベイルートで、日本赤軍メンバー四人とともにレバノン当局に拘束された。拘束劇の裏面については、ここでは記さない。

二〇〇〇年に日本へ強制送還された。一九七四年のオランダのフランス大使館占拠（ハーグ）事件、翌年のマレーシアでの米国大使館領事部・スウェーデン大使館占拠事件での逮捕監禁・殺人未遂容疑で起訴され、二〇〇九年に無期懲役の判決が確定。翌年四月に東京拘置所から徳島刑務所に移送された。

和光さんは慶応大学除籍後、東京・新宿のいまはなき小劇場「アンダーグラウンド蠍《さそり》座《ざ》」で働いていた縁で、映画監督の故若松孝二氏と知り合い、彼の演出助手を務めた。若松監督が赤軍関連のドキュメンタリー作品を製作していたこともあり、その流れで一九七〇年代初めにアラブの地に渡り、日本人コマンド（兵士）となった。

まだ、現役コマンドだった当時の和光さんに、私は一度だけ会ったことがある。たしか一九九〇年代の半ばごろのことだ。レバノンのベカー高原にあったPFLP（パレスチナ解放人民戦線）の拠点を訪ねた。そこで案内役の気のいいパレスチナ人兵士が、頼みもしないのに前線基地にジープを走らせた。きっとサービスのつもりだったのだろう。

ほどなく到着した赤茶けた山の斜面に軍服姿の東洋人が立っていた。和光さんだった。当時、国際指名手配中だった和光さんは「あーあ、連れてきちゃったんだ。オレは会っちゃまずいんだよね」と苦笑しながら、傍らの穴を指さして「これは一昨日のイスラエル軍による爆撃跡」と説明してくれた。

二〇一六年の米大統領選では、没落した白人の中下層労働者層の排外主義的な憤りがトランプ旋風の原動力になった。そうした空気は米国や欧州のみならず、閣僚が沖縄に派遣された警官の「土人」発言を擁護する日本にも共通している。ただ、日本の場合、米国ほど怒りのベクトルが既得権益層に向かわない分、その病巣は一段と深刻に見える。

憤る人びとの典型的な思考は「自分が不遇なのは○×のせい」であり、こうした人びとは保身のために自分よりも弱い立場の○×を叩きたがる。叩かれた者も鬱憤晴らしに、より弱い人たちを足蹴にする。ヘタレた感情の連鎖。だが、その連鎖にも端がある。声を出せず、堪えるしかない場所。日本社会ではいま、刑務所はそうした場所に位置している。

刑務所での日常は、塀の外にはなじみが薄い。私も海外では何回か、官憲に留め置かれた経験(およそ取材上のトラブルが原因だった)があるが、幸い日本の刑務所で暮らしたことはない。

和光さんが下獄後、最初に入った房は八人用の雑居房だったという。広さは畳十畳に板の間が二畳、半畳分ほどのトイレ、そこに蛇口が三つある流し台があり、壁には各人用の本棚、衣類棚が括り付けてある。収容者は和光さんを含めて六人で、そのうち半分が無期囚。和光さんを除き、全員七十代で読み書きの苦手な人が少なくなかったという。

懲役囚には作業（労働）が科せられるが、徳島刑務所には十数種類の「工場」がある。和光さんが最初に配属になったのは、プラスチックやビニールなどの半製品材料を組み立てる軽作業の工場だった。就業時間は午前八時から午後四時。昼休みは四十分で、午前と午後にそれぞれ十五分の休憩がある。

受刑者は一類から五類までの等級に分けられ、最初は五類からスタートする。品行方正な期間が長いほど昇級する仕組みで、「二類と三類の人たちは月一回、工場内の食堂で自費購入の四百円相当のお菓子と飲み物にありつける集会に参加できます。その間、四類以下の人たちは歌番組のビデオの音が食堂から聞こえる工場内で、黙々と作業に取り組んでいるのです」（二〇一一年四月の手紙）。

だが、この等級は上がるばかりでなく、ときに下げられる。四十八にも上る些末《さまつ》な規則（禁令遵守事項）に違反すれば、行為によって程度の差こそあれ、転落する。では、その規則というのはどういったものなのか。

和光さんの経験によれば、例えば服のそでまくり。トイレ掃除で腕が濡れたのでまくっていたら、反則切符の指導票（Cランク）を切られた。Cの指導票を三枚切られるとDの票になり、そのDが二枚で降格に影響する。本を重ねていたり、パジャマをハンガーではなく、布団に置いていたりするだけでもCの指導票が切られる。

工場での会話禁止もそうだ。昼食時も六人掛けのテーブル内でしか、会話をしてはいけない。終業時、顔見知りに「お疲れさん」と声をかけることも違反になる。同じ房内であっても、雑誌や本の貸し借りは厳禁だ。刑務官への言い訳は「抗弁」扱いで、これまた懲罰になりかねない。

和光さん自身、一発で懲罰（一週間の独居房入り）になったことがあったという。食事の際、隣の高齢の受刑者が食べきれないご飯を「もったいない」と和光さんの丼に入れた。和光さんがそれを食べた時点で、二人とも「物品不正授受」の現行犯とみなされた。刑務官は常時、廊下を巡回しており、目を光らせている。

外部との交通も厳しく制限されている。面会は現状では事実上、親族のみ。彼の場合、徳島に立ち寄った若松監督や弁護士までもが面会を拒まれている。手紙についても、発信は親族以外には事前に「特別発信願」という願箋（許可を求める書面）が必要だ。発信回数の上限は等級によって制限されており、徳島の場合、五類で一カ月四通、四類で五通、三類で七通、二類で十通だという。それだけに獄外から手紙を出す側も、返事を安易には期待できない。

発信は検閲付きだが、これは受信も同じで、受け取る手紙の数に制限こそないものの、内容次第で受刑者当人に届かないことがある。この際、誰からの手紙が不交付になったのかは受刑者に告知されない。つまり、自分宛てに手紙が来たことを知る、知らないということすら官次第なのだ。

例えば、徳島に無期懲役で収監され、冤罪《えんざい》を訴えて再審請求している中核派の活動家に関するチラシや記事は他の受刑者たちに一切渡されないか、黒塗り扱いにされている。こうした検閲の対象は手紙のみならず、購入書籍や新聞記事にも適用される。

ちなみに作業の報奨金（労賃）は極めて安い。ここでも格付けがあり、十等工から始まって最高は一等工だが、十等工の時給は六円六十銭（二〇一三年七月現在）。一等工でも四十七円七十銭にすぎない。この額は、塀の外の法定最低賃金の十分の一にも満たない。この結果、「服役五年ほどの人が満期出所する際、所持金が数万円しかない。どうやって社会復帰できるのでしょうか」（二〇一三年七月の手紙）という状況が生まれる。

受刑者の著しい高齢化も、現在の刑務所を象徴している。「厳罰化、長期刑化がエスカレートした結果、刑務所は特別養護老人ホームの代替施設と化しています」（二〇一〇年七月の手紙）。法務省によれば、一九八九年に入所した六十五歳以上の新規受刑者は三百十五人（一・二八パーセント）だったが、二〇一五年には二千三百十三人（一〇・七三パーセント）に膨れている。政府は刑務所に介護専門員を配置する方向で検討しているが、少なからぬ人びとが刑務所で生涯を終えるという現実についての本質的な議論は聞こえてこない。

塀の内外での管理強化と厳罰化。そこでは人権意識など紙風船に等しい。それでも長く放置されてきた塀の内側という暗黒の空間に光を差し込もうと、二〇〇〇年代半ばに改革の試みがあった。

一九〇八年施行の監獄法を約百年ぶりに改正し、二〇〇六年五月に施行された「刑事施設・受刑者処遇法」がそれだった。この処遇法は翌〇七年には対象を受刑者のみならず、拘置中の被疑者、被告人、死刑囚にまで広げた「刑事被収容者処遇法」に改定された。

きっかけは〇一年から翌年にかけ、三人の受刑者たちが刑務官の暴行で死傷した「名古屋刑務所事件」だった。刑務所の闇が塀の外からも注目され、法務省は行刑改革会議を設立し、そこでの議論が法改定につながった。

改定の理念は「開かれた刑務所」。交通の対象を親族以外にも拡大し、受刑者による外部への不服申し立て制度も新設した。弁護士らを含めた第三者委員会「刑事施設視察委員会」を各地に設けた。これにより、塀の中の風通しが少しはよくなるだろうと期待された。

たしかに一時的にはよくなった。〇七年には交通違反、選挙違反などの初犯者だけを対象に、官民協働の職業訓練施設「社会復帰促進センター」もつくられた。しかし、こうした改革の流れは一年も続かなかった。まず、刑務官らが不満を募らせた。新法により面会の立ち会いや検閲の増加など仕事の総量は増えたが、刑務官らの数は増えない。つまり、忙しくなったのだ。

不服申し立て制度も不発だった。作業は事実上、各地の弁護士らが担っているが、何百もの申し立てが殺到すれば、弁護士の本業に支障が出る。その結果、申し立てても大半が却下された。視察も形式的にしかできず、受刑者の日常生活には目が届かなかった。

むしろ、すぐに逆流が始まった。法務省矯正局は〇七年五月、局長名で通達を出している。内容は塀内外の交通の厳格化で、暴力団員が獄中の仲間に連絡を試みたことを理由に再び制限を強化した。通達後、各地で新法によって新たに面会できるようになっていた家族以外の人たちの許可も相次いで取り消された。

例えば、岐阜刑務所では二〇一〇年九月から、親族（養子縁組を除く）以外で面会できるのは受刑者が事前申請し、刑務所側が「更生に役立つ」と判断した人のみと規定された。もちろん、そう判断されるケースはまれだ。手紙についても、府中刑務所では一行の字数は約三十字、便箋七枚以内と制限された。

各地で不満が噴出したが、新法であっても条文上、面会は「刑事施設の長は（中略）許すものとする」という官の裁量内の機会であり、信書に関しても「管理運営上必要な制限をすることができる」という法的根拠が書き込まれている。つまり、新法も「受刑者の権利」ではなく、「お上のお許し」の拡大にすぎなかったのだ。

こうしてほんの一時期、開かれかけた刑務所の門扉は、再び固く閉ざされ、改革前の状況に引き戻された。

ちなみにイスラエルの刑務所は悪名高い。だが、そこで二〇一六年八月、収容されているパレスチナ人囚人二百八十五人が待遇改善などを要求し、集団ハンストに突入した。この結果、当局に裸体による身体検査の中止、テレビのニュース番組のチャンネル増などを認めさせた。イスラエルの刑務所ですら、日本の受刑者から見れば、恵まれた場所だといえる。日本の矯正施設の人権状況は、このように世界的にも極めて低い水準にある。

和光さんは六十一歳のとき、徳島刑務所に身を移した。たとえ望まぬ環境であろうとも、そこが終《つい》の棲家になるかもしれないと覚悟したという。自らの主体性を失わないために、その場所でいかに生きていくべきなのか。移送された時点で、彼には逆境を乗り越えるための思索と判断が迫られたのだと思う。

「生まれて初めてカラオケというものを経験しました。体育館兼講堂で三十分間運動できる日が月に何回かあり、そのうち一回は希望者数名がマイクを手にできます。満期出所となる人がいて、その歓送ということで何人かが歌うことになり、私も声をかけられ参加しました。歌ったのは河島英五の『時代おくれ』（笑！）」（二〇一二年六月の手紙）

彼は境遇に背を向けるのではなく、受刑者の間になじみ、溶け込もうとした。支えたのは一つの意思だった。居場所づくりである。
「とにもかくにも『居場所』『持ち場』は必要なのですね」(二〇一一年十月の手紙)
「塀の中をいかに更生への拠点、囚人が自主性をもち、元気におツトメするような『居場所』にしていくのかということを考えているのです」(二〇一五年十一月の手紙)
人と人との関係で編まれる居場所という空間に固執したことには理由があった。その根っ子には、全共闘運動から始まった自らの運動経験を振り返っての反省があった。
刑務所への入所当初、同房の五人の受刑者の名前がなかなか覚えられなかった。アラブでの二十数年間、その後の東京拘置所の独房での約十年間、人の名前を意識的に覚えない、覚えなくてもよい生活に慣れていたためだ。下獄と同時に、そうした自らの社会性の欠落に気づいて、思わず呆然《ぼうぜん》としたという。
「六〇年代以降の活動家であった時期を思うと、どうにも『社会人』たりえていなかったなあ、との深刻な反省に立たざるを得ません。『社会主義』を掲げ、『社会革命』を求めていた主体が、社会人たるための基本である『家庭・地域社会・学園・職場』等での人間関係をしっかり築けていなかったし、結果として、どこにも足場、基盤をつくれずにいたわけです。今あらためて、『まず社会人たれ』を自らのモットーとせざるを得ません」（二〇一〇年九月の手紙）

「『失われた二十～三十年』に、旧『新左翼』勢力はなんら対応策をとれないままでした。この限界は何に由来したのか。『活動家』一人ひとりの非社会性を問う必要があります。（中略）活動家諸個人が政治闘争に関わる中で『反権力』と『反社会』とを混同し、取り違えるような事態を生み出しました。（中略）（活動のためなら）万引行為などをよしとするような倫理道徳上での、人としての退廃もあらわになったりしました」（二〇一五年十二月の手紙）

獄中で受刑者たちが手を携えるという試みはなかったわけではない。新左翼系の政治犯が多かった一九七四年には、処遇改善要求を掲げた受刑者団体「獄中者組合（分裂後、一九八五年に「統一獄中者組合」として再統一）」が結成されている。しかし、現在は解散こそしていないものの、「組合」は獄外事務局によってかろうじて支えられているだけと聞く。

七〇年代と比べて、現在の監獄管理ははるかに厳しい。大半の人が一生、自分は塀の中とは無縁と思いがちだが、そんな保証はどこにもない。にもかかわらず、自己責任論が猛威を振るう今日、受刑者に対する世間の見方は格段に冷たい。しかし、塀の中の居場所づくりが志向される必然的な根拠はある。

二〇一六年版の犯罪白書によると、出所者の約四割が五年以内に再び罪を犯して入所、とりわけ六十五歳以上の六割超が、出所から一年未満で再入所している。厳罰化と不景気で受刑者は増え、刑務所内は過密化している。それがトラブルを引き起こす一因になっている。トラブルが増えれば、刑務官の負担は重くなり、交通制限など管理強化に走るが、外と隔絶すればするほど、受刑者の出所後の行き場は狭まる。その結果としての再犯増。そして、一層の厳罰化。更生とはかけ離れた悪循環のループは、もはや行刑当局のみでは断ち切ることができない状況だ。となれば、受刑者の自主性と更生を結びつけるしかない。それは理想論ではなく、現実的なニーズである。

自らの社会性の回復と居場所づくりの地ならしのために、和光さんがまず自分に課した目標は「プロの囚人」になることだった。

「まずは五年、十年単位での年季を雑居房で積んでいくことによって、他囚や刑務官から『古参』『古株』と認められることを目指します。（中略）そうなることができて、初めてより能動的にプリズン・ライフを構築していけるでしょう」（二〇一〇年九月の手紙）

これは一昔前の労働組合工作によく似ている。すぐさま組合を組織しようとはせず、まずはその職場に必要な人間になることが求められた。和光さんも自らの不運を愚痴るのではなく、与えられたコミュニティーの一員になることで、自分の位置を客観的に把握し、能動的な姿勢に転じようとしていた。

やがて現実に深く身を沈めるにつれ、矯正行政の問題点を確実に把握していった。例えば、規則についてこう考えている。

「入所以来、四年八カ月が過ぎ、ようやく理解できたのが『矯正指導』とは『調教』の強制だということです。万事、号令で始まり、命令・叱声・怒声・罵声で進められ、一日が終わる世界です。そこでは号令に注意を集中させ、犬の条件反射の如く即応することが問われます」（二〇一四年十一月の手紙）

命令や罵声は規則に基づくが、その規則はケンカなどが起きるたびに増えていく。その結果、こう分析した。「統制や規則が微細にわたり、厳しすぎること、叱声、怒声がとにかく多いことなどから所内の空気がギスギスしています」「（画一的な規則増が）何か問題を起こしたら、全員に連座責任を負わせるという発想によるものであるとしたら、まったく逆効果にしかなっていないことは『ケンカ事犯』の拡大増加という事実によって明らかになっています」（二〇一五年二月の手紙）。

「徳島で六年が経過し、このところ自分でも妙に思われるほど気持ちが沈静化しています。（中略）塀の中のＲＰＧ（ロール・プレイング・ゲーム）の一員になってしまったのかもしれません。管理統制する側、される側、怒鳴りつける側、られる側…。ただし、これは猫をかぶって、犬のように従順にふるまっているだけのこと。出所してシャバの風に吹かれたら、猫の皮はすぐはがれます」（二〇一六年六月の手紙）。規則を増やしても更生にはつながらない。これが結論だった。

面会や手紙の交通権の制限も逆効果でしかないとみる。年長の無期囚三人と過ごした体験を振り返り、「皆さんは長期の服役にもかかわらず、実に元気いっぱい。日課の体操、書道、読書などで過ごしていました。その活力は三人とも塀の外の肉親、知人、友人といったつながりが支えになっているという事実を認識しました」(同)と記している。
「つくづく感じ入っているのですが、獄中者にとっては塀の外で自分のことを気にかけて下さっている方々がおられるということ、それがとても強い支えになっているのです」(同)

居場所づくりにつながる道筋は少なくとも手紙には記されていない。でも、こんなエピソードが紹介されていた。

徳島刑務所では和光さんが収監される以前の二〇〇七年十一月、暴動が起きている。ある医官が症状とは無関係に、患者(受刑者)の肛門に指を入れるといった虐待行為を繰り返していたためだ。彼は当時のことについて「暴動の折りにはリーダー格の人が『無期の者は関わるな。満期が近い者、短期刑の者は加われ』と呼び掛けていたらしいです。『無期』の受刑者は『仮出所』になることへ希望を抱くしかなく、その実現のためには『無事故』でおツトメし続けることが前提となるからです」(二〇一二年八月の手紙)と書いている。受刑者同士の配慮に共同体の萌芽《ほうが》を感知したのだろう。

とはいえ、現場での規律は厳しさを増すばかりだ。二〇一五年四月以降、徳島刑務所では工場への出入りの際に裸で受ける身体検査（通称「看々踊り」）が強化された。従来は両手の表裏と足の裏を見せるだけだったが、新たに脇の下、口中、左右の耳、さらに片足ずつ足を後ろに振り上げるよう指示されているという。

「今後は塀の中を自らの『持ち場』とし、そこでできること、やるべきことを果しつつ、時代に関わり続け、未来を見つめ続けます。塀の中に骨を埋める覚悟で元気に出発します」

和光さんは徳島刑務所への入所直前に東京拘置所で執筆した著書『日本赤軍とは何だったのか』（彩流社）のあとがきにこう記した。不屈の意志といえば美しいが、彼とて生身の人間である。まして「骨を埋める」は比喩にならない。彼が背負っている無期刑は今日、事実上の「終身刑」と化している。

厳罰化の流れを受けた二〇〇五年の刑法改正で、有期刑の上限が三十年に引き上げられたため、無期囚の場合、三十年は服役しないと仮出所の審査対象にならなくなった。実際、二〇一六年十一月の法務省の発表によれば、前年末現在、全国の無期囚は千八百三十五人で、平均服役期間は三十一年六カ月に達する。この年に仮出所した人数はわずか九人で、逆に獄中で亡くなった無期囚は二十二人に上る。

まして和光さんら政治犯は、検察が「マル特」と呼ぶ「死刑に準じる凶悪犯」の扱いを受け、より条件が厳しい。一例を挙げれば、連合赤軍事件で無期の判決を受けた吉野雅邦《まさくに》さんは、すでに千葉刑務所に三十三年（二〇一六年二月現在）もの間、服役している。その誠実な人柄からか、刑務所内の養護老人ホームともいえる「養護工場」を担当して約二十年になるが、いまだ仮出所の兆しはない。

七〇年代初頭の爆弾闘争にかかわり、懲役二十年の刑で九〇年代まで岐阜刑務所に服役した知人のSさんは「自分の場合、満期出所までストレスを溜めないよう、古典ばかり読んでいた。当時は無期といっても、十六年くらいで出る人が多かった」と振り返る。

「でも、いまは状況が全く違う。ゴールのある有期とない無期はまるで別物。正直、無期のしんどさは自分には想像もつかない」

二〇一六年七月の和光さんの手紙には、こう記されていた。「私がいる工場で、六年ほど前まで糖尿病から失明に至ったお年寄りが介助の人に助けられながら造花組み立ての一工程だけを手探りでやっていたのだそうです。この人はその後、高齢者用病棟入りとなり、症状が悪化して転送された大阪医療刑務所で、身寄りの人の看取りもなく亡くなったとのことです。他人事とは思えません」。

最近手にした手紙には、当初抱いていた、爆弾が降ってきたり、敵襲があるパレスチナの兵舎に比べれば日本の刑務所はましという興奮が、数年間の修業期間を経て「プロの囚人」としての自覚を持つに至ったと記されていた。

市民社会からは見えにくい究極の空間。ともすれば、無期刑の重みもあって自暴自棄にでもなりそうなものだが、和光さんの居場所づくりの視点はぶれない。その一因は刑務所という環境の認識にあるのかもしれない。

「刑務所は社会の縮図とこれまで言われてきたけど／今じゃ社会全部が刑務所化／監視カメラがここかしこ／リストラ・パワハラ・雇用不安／奴隷労働・低賃金・格差拡大・貧民増大／地球全球・生き地獄／誰も彼もが獄中者」（二〇一三年七月の手紙）

状況の厳しさに強弱はあれ、同じ社会の一部である限り、彼にとっては刑務所がいま、与えられた任務の場なのだろう。手紙には書けない生身の懊悩《おうのう》もあるに違いない。でも、和光さんは諦めない。

人と人との関係に成立する居場所は自然には発生しない。そこには関係を編む意思を持つ個人がいなくてはならない。それは塵《ちり》が核となって、次第に星を形成していくようなものだ。そうした意思を持つ人には、あるべき世界の風景をいま見える視野の先に空想する力が求められる。

いま、私たちが漂っている世界とは全く異なる匂いがする異世界。そんな場所へ導く灯火を和光さんは掲げ続ける。不屈であることはより大きな試練を招くだろう。しかし、その意思は塀に象徴される人と人との分断を超えた、いまだ見ぬ「私たちの世界」の可能性を浮かび上がらせている。

文通は現在も続いている。

第九章

砂漠の団欒《だんらん》

店先には消火器が数本転がっていた。店の戸には「ご自由にお持ち下さい」「FOR FREE」と張り紙がされている。でも、未使用なのか空なのかが分からない。「ゴミを捨てるな」という注意書きもあった。これにはうなずけた。思わず、そこがごみを捨てたくなるような風景だったからだ。斜め向かいにある定食屋はさぞ困っているだろう。

東京・池袋駅から一駅。地下鉄の要町《かなめちょう》駅から歩いて十分ほどの住宅街の中に「リサイクルショップ落穂拾《らくすいしゅう》1号店」はあった。二〇一六年の師走に訪れた。二階建てアパートの一階で、一字ずつくっきり店名を書いた紙がいくつかの窓ガラスに貼られていた。

ボタンを押すと「ガラガラ」と大きな音を立てて自動扉が開いた。他に客はいない。五百円、百円など金額ごとに棚がある。そこに無造作にオーディオアンプや冷蔵庫、鏡が置かれていた。服はどれも百円。漫画の棚もある。食器の一部だけが唯一、整理されていた。

便利屋も兼ねているようだ。張り紙には、粗大ごみの処理は「軽トラ積み放題」「豊島区に依頼した場合の半額」と書かれている。引越しの手伝いもするらしい。

店のツイッターはこう紹介している。『この店は革命の拠点であり、革命の同志を募集しています。東京近郊在住で定職がなく、今の社会では自分の能力が活かされていないと感じていて、何をすればよいのか分からず道を求めて苦しんでいる35歳までの男女が対象です。無給ですが衣食住は保証……』

店の奥をのぞくと、マスク姿の青年が一人、無言で服を畳んでいた。目を合わせることはなかった。

「落穂拾1号店」を出て、そこからまた十分ほど歩いた。夜の住宅街だけに人通りはほとんどない。

一角に数軒の飲食店が並んでいた。端の店の入り口は庇《ひさし》が破れ、骨組みだけになっていた。店名は「イベントバー　エデン」。「エデン」のツイッターによると『宗教、政治、メンタルヘルス系のイベントを常時開催中』だという。これまで「死にたいバー」「大卒無職バー」「発達障害バー」などを開いてきたようだ。その夜は講演があり、テーマは「間違いだらけのハラール認証」。講師は同志社大客員教授の中田考《なかたこう》さん（イスラーム名ハッサン）だった。

ハラールはアラビア語で「合法なもの」を意味する。日本ではもっぱらムスリム（イスラーム教徒）の食餌規定との関連で、食品がハラールか、もしくはハラーム（禁じられたもの）かという文脈で語られる。昨今ではイスラーム圏からの観光客の増加に伴い、飲食店などが宗教機関から「ハラール認証」を得ていることを売りにしがちだが、中田さんはかねてその認証の欺瞞性を訴えてきた。

入場料は二千五百円。扉を開けると、店内は鏡張りでカラオケスナックのようだった。カウンターに七席と椅子が四脚。そこに客が十一人と講師、バーテンダーの青年がいた。四人の女性客は酒場には不似合いなヒジャーブ姿で、残りは生まじめそうな青年たちだった。カウンターには「黒霧島」や「ＣＡＭＰＡＲＩ」などの瓶が並んでいたが、レジュメとともに配られたドリンクはノンアルコールだった。

「えー、えーと、始めましょうか。あ、いらっしゃいませー」。客がまた一人来た。

中田さんの長い顎ひげは、しばらく見ぬ間にだいぶ白くなっていた。「非ムスリムは地獄に行ってしまうので」という彼のいつもの口癖を耳にしつつ、私の目は正面のカラオケ装置に吸い寄せられていた。無音の画面では、元ＡＫＢ48の高橋みなみがインタビューを受けていた。

この講演の約一カ月前、中田さんの名前が再び新聞の社会面に載った。「再び」というのは以前にも騒ぎがあったためだ。二〇一四年十月、北大を休学中だった青年（当時二十六歳）が中東の「イスラム国（IS、ダーイシュ）」に加わろうとした事件で、中田さんは「仲介役」として、警視庁に私戦予備・陰謀容疑で事情聴取や家宅捜索を受けていた。

そして今回は二〇一六年十月、彼が経営に携わっていた「落穂拾」が警視庁に古物営業法違反（帳簿不備）の疑いで家宅捜索を受けた。この件は翌々月、実質経営者の二十代のMさんが書類送検されて落着したが、捜索には公安警察も加わっていたので、真の狙いは中田さんの監視ではないかとささやかれた。

「いやー、お久しぶりです」。講演が終わり、店の外に出ると中田さんが笑顔で近寄ってきた。差し出された名刺の肩書には「神聖エデン帝国　カワユイ食品衛生責任者」とある。この店のために、講習で「食品衛生責任者」の資格を取ったのだという。バーテンダーの青年からも名刺をもらった。「神聖エデン帝国枢機卿　すごいひと」と書かれていた。

「落穂拾」の1号店、2号店と「エデン」は、中田さんが二〇一三年に立ち上げた株式会社「東講（旧社名カリフメディアミクス）」が経営しているが、当人は「今回の事件で代表取締役を辞めた。株も昨年、Mくんや昔の学生らに譲った」と頭をかいた。「ここの家賃は八万円ほど。元はカラオケスナックで、二代続けて夜逃げした物件なんですよ」

路上の中田さんに、講演客の青年の一人が「東京ジャーミー（代々木上原にあるモスク）って信用できますか」などと質問していた。その様子を隣の小料理屋の女性が、店内からガラス越しにこっそり眺めていた。不安げな眼差《まなざ》しだった。

「警察が来たり、新聞に載ったりしましたからねえ。得体が知れないと心配なんでしょう。だから、私も最近は『落穂拾』の店番をしていない。家賃四万五千円の部屋で、イブン・タイミーヤ（中世のイスラーム法学者）の翻訳をしています」。中田さんはそう苦笑した。

中田さんとの出会いは偶然だった。初めて会ったのは一九九七年。かれこれ二十年前のことで、場所はエジプトのカイロだった。当時、私は新聞社のカイロ支局勤務で、支局のあるビルの同じフロアに日本学術振興会カイロ研究連絡センターの事務所があった。センター長は一年交代で、そこに山口大助教授（当時）の中田さんが夫婦で赴任してきた。

挨拶に訪ねてきた際、私の机の上にあった「週刊ゴング（現在は休刊）」を見つけるや

「ちょっと借りていいですか」と目を輝かせた。彼はプロレスファンの中でも、いわゆる「U信者（前田日明《あきら》らがいたUWFという団体のファン）」だった。少女漫画も好きだと言っていた。

一九六〇年生まれだから、学年は私の一つ上になる。兵庫県育ちで灘《なだ》中、灘高から東大イスラム学科へ進学した。貿易商だった中田さんの父は息子を「幼時より精神世界に対して特別な気持ちが強く、特殊な状態にいる」と分析していたが、それゆえの進学先だったのだろうか。ただ、東大ではイスラム学の泰斗とされる教授と折り合いが良くなかったらしく、カイロ大で博士号を取得したものの、就職先は地方大学だった。

一九八〇年代のカイロ大留学中、大学近くのイスラーム専門書店で知り合ったエジプト人にアラビア語の家庭教師を頼み、その人物が非合法の武闘派組織「ジハード団」の幹部だったというのが、彼の特異な人脈形成の始まりだった。

人脈は物騒だが、本人が権力との緊張など現実に疎い分、その行動は傍からは随分と危なっかしく見えた。ある日、支局のあるビルの周囲を私服警官が取り巻いていた。案の定、センターの事務所に中田さんがイスラーム武闘派の活動家を招いていた。状況をこっそり告げに行くと、彼は「え、本当?」と慌てふためいていた。

帰国後の二〇〇一年、米国同時多発テロ事件が起きた。「イスラーム」、特にその「過激派」は一躍、注目の的となった。彼の研究への世間の関心も高まり、同志社大に教授として招聘《しょうへい》され、学者としての歩みは順調に見えた。

だが、突然、深い谷間に落ち込んだ。中田さんの「同志」であり、敬虔《けいけん》なムスリマである妻の香織さん（イスラーム名はハビーバ）が二〇〇八年に病気で亡くなったのだ。

その約二カ月後、上京した中田さんと西新宿のビジネスホテルで会った。彼は憔悴《しょうすい》していた。そこでぽつりぽつりとこう語った。妻に先立たれ、現世にとどまる意思がなくなった。だが、ムスリムなので教義上、自殺はできない。本も何冊か出版したものの、日本ではイスラームへの理解は広がらない。ジハードで殉教して、妻のもとに行きたいが、痛風の足ではアフガニスタンでの従軍もままならない……。

慰めにもならなかったが、私は「絶望は早すぎる。学術書以外の版元の編集者らを紹介するので、一般向けに原稿を書いてみてはどうか」と提案した。世間での知名度の向上が、最大の理解者を失ったことによる落胆を少しでも和らげるのではないかと思ったからだ。

その提案は後に現実となったが、おそらくそれ以上に彼を悲嘆の淵から救い上げた道具があった。スマートフォンである。

彼は二〇一一年に同志社大の常勤職を辞した。退職の詳しい理由については知らない。彼は「妻が死んで、扶養するための定期収入が不要になったから」と説明するが、本当のところはどうだったのだろうか。いずれにせよ、このころから彼は急速にスマホ漬けになっていった。

ある日、彼が「私には六千人の弟子がいるんです」と話しかけてきた。ツイッターのフォロワー数が六千人を超えたのだという。冗談口調だったが、まんざらでもない表情だった。

その一方で当時、彼は持病の痛風を悪化させ、ツイッターにも連日、痛風発作の苦しさを書き込んでいた。見かねた私や友人たちが、彼を呼び出して強引に大学病院へ運び込んだ。「先生、いくらツイートしても、リアルに助けに来るのは旧知の知り合いだけでしょう。スマホ呆《ぼ》けからいいかげん目を覚ましてはどうか」。私たちは待合室でそう説教したが、彼はわれ関せず「病院NOW」と発信していた。

やがて、彼はネットを介してリアルな人間関係にたどりつく。現在、彼と「落穂拾」や「エデン」を運営するMさんもその一人だった。中田さんは「神からの啓示を受けた」というMさんのツイートをアフガン支援のムスリム仲間経由で知り、自らMさんにツイッターを介して連絡をとった。周りにも「預言者が現れた」と吹聴して回った。Mさんは当時、新左翼系を自称する学生たちのサロン「りべるたん」とかかわっていた。その後、中田さんもその合宿所のような事務所に出入りするようになる。彼は池袋の中古マンションに居を構え、ネット上では「野良博士」を自称するようになっていた。

二〇一二年はシリア内戦で、アルカーイダ系のイスラーム武闘派が台頭してきた年である。アラブ各国からも、武闘派の活動家たちがシリアの戦場へ吸い寄せられていった。中田さんもこの年と翌年、旧知のエジプトのジハード団の人脈でシリアへ密入国し、体験記を発表している。

やがてシリアのアルカーイダ系は分裂し、イラク人が中枢を占めるISが台頭。ISは二〇一四年六月、イラク第二の都市、モースルでカリフ制国家の樹立を宣言し、世界を驚《きょう》愕《がく》させた。

　ＩＳに加わったジハード団のエジプト人青年らとは別に、中田さんのＩＳ人脈には元生薬売りのシリア人司令官がいた。日本人フリージャーナリストのＴ氏がシリアへ潜入し、知り合った人物だ。アラビア語の苦手なＴ氏が現地から日本の中田さんに電話し、その電話で初めて「司令官」と話したという。その後の渡航で、Ｔ氏とともに中田さんも、このシリア人と現地で対面。ＩＳの黒旗の前で、にこやかに自動小銃を構えている中田さんの写真がネット上に拡散した。

　かねて「カリフ制再興」を唱えていた中田さんは当時、ＩＳに心酔していた。ツイッターで激賞し、ＩＳ筋の要請に応えて物資支援にも協力していた。だが、その熱狂に水をかけられる事件が起きた。先に触れた北大生事件だ。

　ちなみにＩＳ嫌いだった私は、そのころ中田さんと距離を置いていたので、彼が警察の事情聴取を受けたという一報も職場の通信社電で知った。

　正直、驚きはしなかった。というのも、彼は大学人だった時代も、教え子たちをシリアの権威あるモスク兼教育機関（アブヌール学院）に送っていたからだ。その一人が渡航する際、カイロの私の自宅に立ち寄ったことがあった。「よく改宗したね。やめたら、背教とみなされ死罪なのに」と話しかけると、「やめられないんですか！　先生からそんなことは聞いていない」と動揺され、こちらが狼狽《うろた》えたこともあった。シリアの件も、また似たようなことをしたのだろうと思ったのだ。

ところが、警察の事情聴取の数日後、中田さんから突然、私に電話があった。切羽詰まった口調で、すぐに記者会見を開いてほしい、その後、警視庁に出頭すると一気にまくしたてた。明らかにパニクっていた。とにかく落ち着くようにと説得し、知人の弁護士を紹介した。

当人の説明によれば、事件はこんな具合だった。

知人の日本人ムスリムの紹介もあって、中田さんは二〇一三年に東大のサークル、戦史研究会で講演した。その際、知り合った同研究会のOBが後に秋葉原で古本屋を開店。店先に勤務地がシリアや中国・新疆《しんきょう》ウイグル自治区という「求人」広告を貼り付けた。中田さんによれば、このOBは「軍事ヲタク」で「発達障害の人たちに衣食住を与えることを自分の使命と考えている人」なのだという。軍事と衣食住の部分で、ISとその給料制に惹かれたらしい。

休学中の北大生と、千葉県のフリーターがこれに応募した。北大生は自らのツイッターに「脳が改造されるメジャートランキライザーを飲んだけど健常者なので何も起こらなかった」と書き込んでいるようなタイプだった。

二〇一四年初夏、このOBから中田さんに「北大生に会ってやってほしい」と連絡があった。中田さんは了解し、面談した。「ISはキツイよ」と説明したが、北大生からどうしても行きたいと懇願されたという。この時点で千葉のフリーターは脱落しており、中田さんは準備のために、北大生のムスリムへの改宗に立ち会った。ちなみにイスラームでは、入信に際して、その動機は重要ではない。

渡航は八月に決まった。シリアのISと接触するためのルートは、トルコからの密入国が通常である。具体的にはトルコからシリアのISメンバーへ電話し、トルコ側のIS（もしくは協力者）が越境の手引きをする。中田さんは連絡先として、北大生にエジプト人二人、シリア人一人のISメンバーの電話番号を教えた。

北大生にとっては初の海外渡航だったので、中田さんは同行をジャーナリストのT氏に依頼し、T氏も承諾した。しかし、計画は頓挫する。渡航寸前、北大生がパスポートを紛失したためだ。彼は「壮行会で友人に盗まれた」と主張し、警察にも届け出ていた。そして十月に再計画するが、実行寸前に摘発された。

これが事件の大筋だが、渡航への警察の介入は不思議ではなかった。というのも、この計画は事前にツイッター上で半ば公然化していたからだ。

当初、中田さんの仲介という「奇行」に世間の批判が集まった。しかし、風向きが変わる。ISに拘束され、二〇一五年初頭に殺害された民間軍事会社経営・湯川遥菜《はるな》さんとフリージャーナリストの後藤健二さんの救援を、中田さんが試みていたという話が浮上したためだ。とりわけ、ISが二人の拘束を明らかにした後は政府の無策もあり、日本人としてISとほぼ唯一コンタクトを持つ中田さんに救出への期待が高まった（ただ、彼のルートもISの中枢には通じていない）。

追い風はアカデミズムの一部からも吹いていた。ISを近代帝国主義による中東の線引きを覆す旗手と評価する見方が台頭し、研究の先駆者としての「中田評」も急上昇していた。加えて私大の常勤教授職を捨て、在野に下ったという「潔さ」が彼の評価をさらに引き上げた。

彼は一躍、時の人になった。しかし、私はしらけていた。中田さんを持ち上げ、便乗する一部の知識人たちにもうんざりしていた。そのころ、私はといえば、私戦予備・陰謀容疑事件の舞台裏で、素の彼と対座していたからだ。

警察に逮捕されるか否かがまだ微妙な時期に、中田さんに新左翼系の活動家なら誰でも知っている「救援ノート」を手渡したことがあった。この冊子には逮捕後、警察や検察によるでっち上げを避ける心得が書かれている。公安警察にすれば、実社会に疎い中田さんは赤子同然に違いない。私はそれを案じていた。

彼は冊子を手に「実はこのところ、よく眠れず、うどんも喉を通らない」と愚痴をこぼした。普段、ジハードで死にたいと公言している人物が、最高刑で五年の禁錮という重罪とは言いがたい容疑にすっかりまいっていた。

それだけではない。それだけなら、彼を怒鳴りつけたりはしなかった。

ＩＳはヨルダン将校の捕虜を生きたまま焼殺した。その残虐性に非難が高まった際、中田さんは焼殺を正当化するファトワ（イスラーム学者の見解）を探し出し、それをツイートで流していた。私が「あの焼殺映像を見て、肯定する神経が分からない」と食ってかかると、彼は「いや、私は流血や残虐なシーンは苦手なんです。だから焼殺のシーンは見てない」とあっさりと答えた。

さらにISがイラクのヤズィーディー教徒の女性らを拘束し、奴隷として売買している件でも、彼は「奴隷と言っても妻に近い扱いだ」とISを擁護した。それのみならず、「そもそもヤズィーディーの証言は矛盾だらけ」「私は信仰を大切にしている。ヤズィーディーの連中も信仰を重んじるなら、ISと戦って殉教すればいい」と言い放った。

その後、日本人拘束者の件でIS側から中田さんの交渉提起が拒否され、逆にスパイ扱いされ始めると「ISはもうダメ。これからは（西アフリカのイスラーム武闘派の）ボコ・ハラムに期待する」とあっさり方向転換した。

一方、私は世間で言われた彼の「潔さ」に心動かされることもなかった。彼が京都の自宅を弟子筋に譲っていたことは事実だったが、それで彼が食うに困っていないことを知っていたからだ。経済的に余裕がある両親は、彼の生活を支援していた。

事例を並べていけば、きりがない。学問的な知識は卓越していても、あの騒動は私にとって彼の「しょうもなさ」が露呈されていった日々でもあった。

しかし、そんな冷ややかな視線などどこ吹く風と、中田さんは高揚していた。「新幹線に乗っていたら、見知らぬおばあちゃんに『あ、中田先生だ』と言われちゃいまして。やはりテレビの影響でしょうか」。心底、嬉《うれ》しそうだった。

私は彼にあきれていた。

対談本などが次々出版された。大学や経済団体、仏教団体などから彼への講演依頼も相次いだ。しかし、旧知の中東、イスラーム研究者たちは中田さんと距離を置きつつあった。アカデミズムに進んだ弟子たちもすっかり困惑していた。

ブームはブームにすぎず、次第に潮は引いていく。ただ目を凝らすと、そんな彼の周りを弟子以外の若者たちが取り巻いていた。

心酔しているという雰囲気でもない。なんとなく漂い、去って行く青年もいる。でも、また別の誰かが来る。その周りとは、具体的には数年前は一軒家に暮らす「りべるたん」、現在は「落穂拾」や「エデン」である。

「りべるたん」をよく知る編集者はこう説明した。「あの空間は法大ＯＢの発案で『（ノンセクトの）黒ヘル全学連』をつくり、その拠点にするという構想から始まったのですが、いつの間にか、中核派シンパと中田信者、それに窃盗などの犯歴のある青年たちの妙な宿泊所になってしまって……」。

「エデン」に出入りしたことのある若者は「あそこにいる人たちの大半は病んでいる。ドロップアウトした連中の受け皿みたいなもの」と冷たく評価した。

遠慮のない言い方をすれば、吹きだまりである。そこに蝟集する若者たちは「革命」の二文字を掲げてはいても、ツイッター上で互いに内紛まで書き散らしていた。その権力への警戒心のなさは戯画に近かった。

数にすれば、通り過ぎていったのは二、三十人だろうか。知っている限り、彼らはぎらぎらした感情には乏しく、どこかぼんやりしていた。ツイッターの世界から這《は》い出し、リアルな人間関係の縁で出会ったのが中田さんだったのかもしれない。

あくまで推測の域は出ないが、世間とは異なる信仰世界というもう一つの尺度が、生きにくい彼らの目には魅力的に映ったのかもしれない。それと中田さんは人の話を遮らない。本当に聞いているかどうかは別にして、話す相手を攻撃しない。それは小さな安心を与える。彼がご執心のラノベも、リアルに他人と結びつきにくい青年たちにとっては、人間関係の一種の緩衝材や潤滑剤として働いていたのだろう。

中田さん自身は、「エデン」にしても「タウヒード（神の唯一性）を伝える布教の拠点」と見なしていた。大学に通わなくなった「エデン」のバーテンダーの「すごいひと」君には、トルコ語を教えていた。中田さんがトルコのエルドアン政権にご執心なことと無縁ではないのだろう。

だが、彼自身は周囲の青年たちについて「ムスリムになる子もいるが、まともな信徒はいない」とクールに見ていた。

それでも青年たちと一緒にいる理由を聞くと「自分が若かったころは勉強と信仰ばかりだったので、青春というものがなかった。だから、『エデン』に集まる子たちを見ていて、こういうものかなって感じて……」と神妙な表情で話した。

彼らの空間とイスラームは、実際にはさほど関係がない。むしろ彼らの周囲を歩いていて、一九七〇年代後半から八〇年代にかけて注目された「イエスの方舟」事件を思い出した。「おっちゃん」と呼ばれた主宰者の故千石剛賢《せんごくたけよし》氏と、家庭に居場所を感じられない若い女性を中心とした信者たちとの漂流生活。当初、教団の異様さばかりがクローズアップされたが、時間の経過とともに、世間はその集団が現代社会の虚構を映し出す鏡であることを知らされた。

中田さんと周囲の青年たちも、そうした鏡の一つではないのか。大学のキャンパスにはいま、一昔前のサークルボックスなどない。学生運動のみならず、労働組合など自発的な中間団体も衰退した。人びとが分断される中、国家や民族に自らの支えを求める者、逆に政権を非難することで自らの立ち位置を確認しようとする者はいるが、そのどちらにもなじめない人びともいる。砂漠のような社会の片隅での奇妙な学者と世間から弾かれた青年たちの「団欒」——それがこの集団の実相なのかもしれない。

そこには強者の論理も自己責任もない。その一方で、彼らはスマホを通じて世界各国の治安機関が標的とするような武装集団にも水脈を保っている。私たちが「絶対」と信じがちな常識や建前の頼りなさを、この片隅の団欒は映し出しているのではないか。私は次第にそんな風に考えていた。

講演の後、しばらくして中田さんと池袋でもう一度会った。警察に押収されていたというスマホはようやく返還され、その待ち受け画面には以前のように亡き妻の写真があった。長年のジハード計画はどうなっているのかと聞くと、トルコには入国禁止で入れず、足腰も弱くなってもう無理ですと笑っていた。自らのブームを振り返って「やっぱり、世の中は変わらないですね」と恬淡《てんたん》と話した。

それでも、その表情からは妻を亡くしたかつての憔悴は遠くなっていた。その日もこれから「エデン」に行くという。「今日はイベントでして」。二階の喫茶店を出ると、彼は手すりに摑《つか》まりながら階段を一段一段下り、やがて雑踏の向こうに姿を消した。

寂しさの共同体。今夜もその団欒が待っている。——だから何だと問えば、その問いはわが身にはね返る。

「自分の感受性くらい　自分で守れ　ばかものよ」。彼の後ろ姿を見ながら、私はふと故茨木のり子の詩の一節をつぶやいていた。

第十章

異界の不文律

日が水平線に近づくにつれ、沖に白波が立ち始めた。前の晩はひどく荒れた。三十分ほど竿を出してはみたものの、すぐに撤収した。この日は昼ごろから凪《な》いできていたので、夜釣りに期待を膨らませていたが、そんな釣り人の願望に応えてくれるほど海はお人好しではない。

二〇一七年一月初旬の伊豆大島。釣り人は旅客船が出入りする西側に点在する磯を「表磯」、東側を「裏磯」と呼ぶ。その日、私が立っていたのは裏磯の「穴倉」というポイントだった。頭上に人が一人しゃがんで入れるほどの窪《くぼ》みがある。それが名前の由来らしい。

ポイントへの道のりから釣りは始まっている。そこはちょっと難儀な場所だった。鬱蒼《うっそう》とした藪《やぶ》を掻き分けて下っていくと、海面から高さ十メートルほどの溶岩がむき出しになった断崖に出る。眼下の海に吸い込まれそうになりながら狭い崖沿いの岩場を行く。岩場が段差になったところから下をのぞくと、二メートルほど下に「穴倉」の窪みがある。そこへ先人がはしご代わりに立て掛けてくれた太い古木と、これまた誰かが岩に掛けてくれたロープを頼りに下りる。

一歩間違えれば、海に転落する。先に竿と荷物を下ろし、スパイクブーツの鋲《びょう》を古木の節に掛けて慎重に下降していくのだが、ときたま足が滑って身体がこわばる。その窪みに下りてから、また人の背丈ほど岩を下ったところに釣り座がある。ヘッドランプの光だけが頼りの夜間や早朝は、ときに眼下の闇から聞こえる海鳴りに吸い込まれそうな気分に襲われる。

ようやく釣り座に入った。周囲を見回したが、他に釣り人の姿はなかった。風が次第に強くなり、こませを混ぜ終えたころには、直下の海面はサラシ（波による泡立ち）に覆われていた。それでも、釣り座は海面から六〜七メートルの高さにある。波が這い上がってくることはないと踏んだ。

日が沈んだ。明日には帰らねばならないので、今晩のうちに良型のメジナを何枚か釣っておきたい。こませを打ち、足元に何回か仕掛けを入れてみる。しかし、サラシに揉まれて仕掛けがなじまない。そこで左前方の五十メートルほど先にある沈み根（水中の岩礁）周辺まで、仕掛けを潮に乗せて流す作戦に切り替えたが、なかなか望むところへ仕掛けが届いてくれない。

悪戦苦闘の末、ようやく仕掛けが潮に乗った。暗い海面を漂っていく電気ウキの光をしばらく凝視していると、やがて光がスッと消えた。反射的に長さ五メートル三十センチの磯竿を煽《あお》る。グンと手応えがあり、一拍置いて生体反応が手に伝わってきた。この引きで魚種が予測できる。たぶん、待望のメジナに違いない。

リールを巻き続けると、足元の波間に魚影が浮かんだ。やはり体長四十センチほどのメジナだった。ヘッドランプで照らしながら取り込もうとするが、水面にぎりぎり届く玉網が波に引きずられ、上手《うま》く操れない。最悪竿が折れかねないが、運に任せて魚を釣り座まで強引に引き抜いた。

ボウズ（釣果のないこと）は、なんとか回避できた。その後も、同じ作戦で二枚ほど追釣した。岩肌にぶつかる波の響きが次第に大きくなっていた。再びエサを針に付けていると突然、腰から下にバシャッと波の飛沫《ひまつ》が当たり、足元にあったバッカン（バケツ）の中のこませが味噌汁《みそしる》状になった。釣り座の高さまで、どこかの岩にぶつかった波が勢い余って飛んできたのだ。

直撃ではないものの、危険を感じた。そこは崖の一角なので奥行きもなく、横に逃げ場もない。躊躇している暇はない。大波は連続して押し寄せがちだ。慌てて荷物を一段上の窪みのある岩場に押し上げ、自身もそこによじ登った。岩に膝をつけた瞬間、さっきまでいた釣り座を大きな飛沫が襲い、一帯は水浸しになった。

岩の上にしゃがんで時計を見ると、午後九時半を回っていた。うねりは収まりそうにない。今夜はここまでかなと思う。帰路には、今度は古木をよじ登るという難業が待っている。その前に一服しようと、ポケットをまさぐると幸い、たばこは濡れていなかった。空を見上げると、雨は降っていないが、ヘッドランプの光の帯に風に乗った霧雨状の波の飛沫が映る。眼下からは「ゴー」と唸《うな》るような波の低音が響いてくる。大島とはいえ、厳寒期の夜は底冷えする。煙混じりの白い息を吐き出しながら、なぜ自分はここにいるのかという意味のない問いが頭をよぎった。

戻った宿の玄関先で魚と釣り具を洗い、食堂に上がると、ベテラン客の一人と宿の主人がストーブを挟んで一杯やっていた。

「おお、どうだった？　魚拓の準備はしなくてていいかい」。主人が振り向きざま、そう冷やかしてきた。食堂の天井は、多くの先人たちが釣り上げてきた巨大魚たちの魚拓で埋め尽くされている。「気長に待っていて下さい」と私は苦笑いして、上着を脱いだ。

この宿には門限がない。それが釣り客たちには魅力だった。好きなだけ、夜釣りができるからだ。夜釣りは危険が伴うので普通の宿は嫌がるが、ここでは自己責任のルールが徹底されている。良質なベテラン客が多いことと、彼らを信頼する主人の度量がなせる業なのだろう。食事はいつでもとれるよう、ハエよけのネットを被せてテーブルに置いてある。

「オレなんか、日が暮れて一時間で諦めて帰ってきた。よく頑張ったもんだ」

島焼酎でいい顔色になったベテラン客のTさんがそう言ってくれた。Tさんは七十歳。この宿に通って三十五年の常連だ。最近は年一回、正月にまとめて数日間滞在するだけというが、その昔は月に一回は訪れ、本土から持ち込んだ自分専用のバイクを宿に置いていたという。

「こんな風向きの日はあっちの磯がいい逃げ場になる」「そういえば、公園下の遊歩道の先でイカが際限なく釣れたこともあったが、いまは磯に下りる道が崩れちまってね」……。主人とTさんが延々と思い出話を交わしている。新参者の私には、そのどれもが興味深い。

ひたすら釣りの話が続く。Tさんが何者でどんな暮らしをしているのか、私が何の仕事をしているのかといった話題は一切出ない。

「あんた明日は何時の船で戻るんだ？　風が止んだら、朝、ブダイ釣りをやらないか。エサなら余分にある。教えてやるよ」

Tさんがそう誘ってくれた。これだけ飲んでいて、朝から釣りに行けるのかと訝《いぶか》ってはみたものの、好意を断る理由もなかった。

翌朝、食堂に下りると、Tさんはもうビールを飲んでいた。「この風で磯はバシャバシャだ。ブダイは無理だな」。もう、宿の下の磯場を一廻りしてきたらしい。

磯釣り（上物のフカセ釣り）に嵌《は》まって、しばらく経つ。遅すぎるというか、五十歳を過ぎてからの手習いである。

普段は東京の中央線沿いの自宅から電車とバスで、片道三時間弱かけて神奈川県の三浦半島へ通う。ときたま連休が取れれば、竹芝桟橋からの定期船で伊豆大島まで足を延ばす。いずれも渡船を使うことのない、歩いて行ける地磯から竿を出す「陸《おか》っぱり」の釣りだ。

子どものころは、数えるほどしか釣りはしていない。新聞社に就職後、初めての支局勤務が熊野灘沿岸の三重県の尾鷲《おわせ》だった。ここでは地元紙の先輩記者に誘われ、ときたま船釣りに出かけた。とはいえ、それも四半世紀も前のこと。それに魚群探知機で海中を探る船釣りと、読みと勘だけを頼りに竿を出す磯釣りでは勝手が違う。

嵌まった理由といっても、これといって思いつかないが、強いていえば、その直前に何回か、見知らぬ町で釣りのできる海辺を探して歩く夢を見た。福島原発事故の発生以降、四年ほどあれこれ仕事が立て込む日々が続いていたが、世の中はなかなか思うに任せず、少しくたびれていたのかもしれない。

それと、私は車を持っていないので荷物の多い磯釣りなど無理だと諦めていたのだが、ある日、電車とバスで磯通いをしている人のブログをネットで見つけて俄然、その気になった。

最低限必要な初心者用の道具を通販などで買い集め、最初に出かけたのが、やや荒れた日の三浦半島の城ヶ島。そのときは、無謀にもスニーカーを履いていた。当然、滑るわ、濡れるわと往生した。ただ、東映映画のオープニング映像のような波濤《はとう》の景観に心が奪われた。

とはいえ、景観だけならやがて飽きるし、ここまで足繁くは通わなかっただろう。つなぎ止めたのは、磯に集ってくる人びとの間を漂っている独特の空気だったように思う。

最初に気づかされた特徴は、釣りの技術や経験を除けば、磯での釣り人たちの関係が極めて平坦であることだった。

ある日、三浦半島の磯で竿を出していると、見知らぬ初老の釣り師が後ろに立っていた。こちらの釣りをじっと見ていたらしい。挨拶をすると、彼はおもむろに「いまは釣れなくても、夕方には右にあるシモリ（水面下の岩礁）沿いにでかい魚が入ってくる」「タナ（ウキ下）は二ヒロ（約三メートル）で、その一段下の平らな岩を足場にした方がいい」などとあれこれアドバイスをくれて、すぐに立ち去ってしまった。名前を聞く間もなかった。言われた通りにやってみると、たしかに釣れた。

初めて大島を訪れた際も、釣り宿に居合わせた七十歳前後のベテラン釣り師が宿に近い磯場を案内してくれた。険しい岩のアップダウンでこちらは息が上がりそうなのに、涼しい顔で岩から岩へと渡っていく。夕方、宿の玄関先で会うと、ヘッドランプを付けたヘルメット姿で、これから高さ十八メートルの断崖での夜釣りに出かけると張り切っていた。

年齢を考えれば、驚異的な足腰の強靭《きょうじん》さである。その強さの「秘密」を知ったのは、それから随分と後のことだった。この人は東京消防庁のたたき上げの元職員で、大隊長まで務めたらしい。とはいえ、これは私が宿の主人から聞いた情報で、当人はそんな経歴をおくびにも出さなかった。

実社会での上下関係、ネットも含めた世間の評価、経済的な格差など、私たちが日常生活の中で無意識に拘束されているアイコンの大半が釣り場では無効化されてしまう。

分かりやすい例が、あの『釣りバカ日誌』で描かれている万年ヒラ社員のハマちゃんと、勤務先の社長（のちに会長）であるスーさんの関係だ。ハマちゃんは釣りではスーさんの師匠に当たるのだが、この物語の魅力はハマちゃんがそうした釣り場での優位性を、決して会社生活に持ち込もうとしないところにある。もし持ち込めば、その瞬間、釣り場の聖域性は一気に瓦解し、白けてしまったに違いない。磯場では、お互い肩書に触れないし、聞きもしない。極端な話、仮に刑事と泥棒が隣同士で仲良く竿を出していてもちっとも不思議ではないのだ。

顔見知りになれば、通称名と年齢、どこに住んでいるかくらいは分かってくるが、それでも限定的だ。先に記した大島の宿で一緒だったTさんについても、私は「昔は宿に貼ってある釣り客番付で、大関を張っていた」ことくらいしか知らない。

なぜ、釣り場では肩書などが無効化するのか。日常を忘れたいという気分も一因だろうが、それ以上に釣り場、なかでも磯場の場合、環境が釣り人に常時、非常事態に遭遇したときのような緊張を求めてくることも理由の一つだと思う。

それは災害時に似ている。あの東日本大震災の日の夕刻、勤め先周辺の日比谷や虎ノ門、新橋で道行く人びとの表情が妙に生き生きとしていたことを思い出す。役人もサラリーマンも肩書なんか二の次で、その夜を明かす居酒屋の場所取りや食料の確保にわさわさと動いていた。非常時には、人の所作や思考を縛っている社会的な帰属は希釈され、誰もがもっとシンプルにいま何をなすべきかという動機に突き動かされる。

もちろん、好まざる災害と好きで行く遊びでは違いはあるだろう。しかし、自然（現象）との対峙《たいじ》によって、人が自らの非力さを直視させられるという点では共通している。そうした環境では、実社会の肩書などノイズにすぎないし、ときに判断を誤らせる足かせになる。まして自らの力を過信するようなことがあれば、非常時には命取りになりかねない。実際、ベテランの釣り師たちは釣りの準備をしているときも、決して海に背を向けない。雑談を交わしながらも、目の端でイレギュラーな波がどこまで及ぶのかといった、その日の海の表情を追っている。

客観性を疎んじれば、ツケは必ず回ってくる。こんな経験をした。こませの入った重いバッカンは一度置いてしまうと、動かすのが面倒になる。私もある日、波が荒れ始めたのに「大丈夫だろう」とそのまま放置し、突然来た大波にバッカンを柄杓《ひしゃく》ごとさらわれてしまったことがあった。別の日には背負子《しょいこ》の荷をばらすのが面倒で、重い荷を背負ったまま岩場を跳び越えようとして足を滑らし、潮だまりに落ちた。

命取りにはならない程度の事故で済んでいることに、感謝すべきなのだろう。そうした失敗から学んだのは主観的になりがちな自らの甘さと、等身大の非力さだった。

異世界への旅の体験は、しばしば自分の日常を見つめ直す機会になる。釣りにもそんな効能がある。

たった一人の岩場で夜、波間を漂う電気ウキの光を見つめていると、ふと「記者生活もいたずらに長くなって、近ごろは人に説教を垂れるという行為に鈍感になっているのではないか」などと自問していたりする。

そんな気分になるのは、釣り場に俗世間とは異なる価値観やそれに基づく人間関係があるからだと思う。それは旅先で異世界の価値観に刺激され、それが生活圏の尺度にどっぷり浸かっていた自らを見直す機会になることと似ている。

たしかに釣りは個人ゲームだが、複数の人が釣り場を行き交う以上、そこには掟やルールがある。

釣りを始めて間もないある日のこと、初めて尺（約三十センチ）を超えるメジナがかかった。片手で竿を掲げながら、もう一方の手で玉網を操って取り込もうとするのだが、下手なのでなかなか魚が網に入らない。いつバラしてしまう（魚を逃がす）か分からず、焦りばかりが募った。

ようやくすくい上げると、すぐ後ろに玉網を手にした中年の釣り人が立っていた。それまで二十メートルほど離れた崖で釣っていた人で、こちらのドタバタぶりを見かねて手助けしようと駆け付けてくれたらしい。目が合うと「よかった。良い型だ」とだけ告げて、再び忍者のような足取りで岩場を戻っていった。

誰かが困っていたら、名乗りもせずに助け合う。当時はそのことに驚いたが、気がつけば、自分も玉網を手に見知らぬ相手のところへ駆け付けるようになっていた。大げさなことではなく、それは作法のようなものだ。

かつて勤務した尾鷲では年に一回か二回、荒天下に遊漁船が釣り客を沖磯に渡し、客が波に呑まれる事故があった。そうした日に磯に近い海域に船を出せば、船が損傷する恐れもある。それでも漁師たちは遊漁船業者の無責任さをなじりつつ、捜索のために船を出した。それが海に生きる人びとの掟だからだ。

釣り人もまれにだが、事故に遭遇することがある。城ヶ島で知り合ったベテランの釣り師は「浮輪代わりに一番いいのは（魚を入れる）クーラーだ」と教えてくれた。「自分もその昔、三宅島の磯で近くの人が落水したんで、買ったばかりのクーラーを海に放り込んだことがあった。結局、その人は自力で這い上がった。オレのクーラーは沖に流されていってしまったが……」と苦笑した。いつか自分も落水しかねないのだから、他者への手助けを惜しむわけにはいかない。

助け合いだけではなく、礼儀や行儀など釣り場には多くの不文律がある。総じて技術的に優れた人たちほど、こうした不文律を重んじる。

例えば、後から釣り場に加わるのに、近くの人に許しを求めるのは当たり前。ゴミを捨てないことも鉄則だ。行儀の悪さを自認している私が、他人の捨てたエサの空き袋や吸い殻を拾っていることがある。環境意識に目覚めたわけではない。釣り客の捨てるゴミが原因で、釣り禁止の海辺が増えているからだ。これ以上、釣り場がなくなってはかなわない。

メジナ釣りでは、アオサなどノリの類をエサに使うことがある。船揚げ場などに生えているのだが、ヘラなどでこそがず、手で摘むことが暗黙の了解になっている。手で摘めば、しばらくすればノリはまた成長するが、ヘラで根こそぎにしてしまうと再生しない。まして地元の人がアオサなどを生活の糧にしていれば、そんな無遠慮がトラブルに直結する。

いずれも不文律なのだが、そこに意味があるのだと思う。磯場では、国籍も帰属する団体も問われない。まして個人ゲームなので、各自の行動は自由だ。その分、自由人たちの倫理が問われる。倫理に基づく自治意識は個々人の自発性に基づかない限り、形骸化してしまう。つまり、明文化されていないほど意味があるのだ。そうした場所だからこそ、権威や権力の尺度に囚われがちな日常を内省できるのだろう。

磯に立つたび「今日こそは大きな魚を釣りたい」と思う。

とはいえ、釣り人は漁師ではない。取材でその昔、カツオの一本釣り漁船に一週間ほど同乗したことがあった。ある老齢の漁師は「相手が魚だと思ったら、十キロ近い魚はとても揚げられない。でも、魚がお札だと思えば、揚げられる」と真顔で話してくれた。若き漁労長は「あと一日粘れば、燃料費がどれくらいかかるのか。明日も頑張って漁獲量を増やすより、いまから戻った方が相場からして実入りが多いのではないか。そんな計算を一日中している。毎日が博打。おかげでパチンコ屋に通わなくなった」と照れ笑いした。プロの世界は常に数字の成果が求められる。

だが、アマチュアの釣り人は対価を求めない。一日中、竿を振ってボウズということもある。もちろん悔しいが、だからといって「来なければよかった」と思うことはまずない。

釣り人は磯に立って、海の空気に包まれれば、ただそれだけで幸せなのだ。

実生活に戻れば、異様に気を遣う世の中が待っている。何か発言するときも内容より、他人の目にどう映るかという点ばかりが気になる。ネット世界での「いいね！」（あるいは逆に意図的な「炎上」）集めの思考は、いまや社会全体に浸透している。「いいね！」は消費者の反応だから、その論理に囚われれば、言葉も商品化の定めを免れない。

差別扇動に対抗する「正義」の言動ですら、例外ではない。そうした言動が自己プロデュースと結びついていれば、なおさら言葉は陳腐化する。誰であろうと差別問題を語ろうとすれば、本来ならわが身の差別性に向き合わざるを得ない。しかし、発言の底に自己承認欲求が横たわる限り、その自らに対する肯定感が内省を妨げてしまう。それが言葉を薄っぺらにする。

もっと言えば、戦禍の記憶や不条理な不幸さえも「商品」として扱われがちな世界では、受け手ですら損得計算抜きに共感するような心の動きを制動される。喜怒哀楽にすら、商品化の論理はまとわりつく。

私にとって、磯はそうした算盤《そろばん》ずくの世間から離れた異界だ。消費とも受け狙いとも縁のない、ただひたすらに個人の技能のみを追求する極私的な営み。世の人びとに釣り人の姿がしばしば偏屈に映るのは、異界には成果主義や市場原理といった世間の常識が通じないからだろう。

釣り人にすれば、いくらカネを積んでも潮の流れは変えられないし、国家や市場への依存も釣果には影響しない。巷で流行する「ポスト真実」は感情を操るゲームだが、そうしたゲームが通用するほど自然は甘くはない。だから釣り人は謙虚に、そして倫理的にならざるを得ない。何ということはない。異界の方がよほど正気なのではないか。

とりわけ福島原発事故以来、日本社会は力ずくの不条理を加速させてきた。避難者の子どもへのいじめは世間の劣情の体現にすぎない。しかし、そうした狂気に包囲される日々が続けば、生身である限り、誰もがそうした空気に流されない保証はない。後付けめいているとはいうものの、私は自らの正気をつなぎ止めようと、磯場に逃げ込んだような気がする。

二〇一七年二月某日。その日もいつものように城ヶ島の磯にいた。水温は低く、魚の食いは渋い。吹き付ける北西風に指先が凍える。しかし、磯の釣り人にとって、この季節は脂ののった大きなメジナ（寒グレ）を狙える絶好のシーズンだ。

〈よい子が住んでる／よい町は……〉

午後四時、防災行政無線から、童謡『歌の町』のメロディーが流れ始めた。

この歌を作曲した故小村三千三《こむらみちぞう》氏は、城ヶ島がある三浦市三崎《みさき》町出身。石碑によれば、一九四七年、戦災孤児たちへの贈り物として「大きな声で歌える歌」を作曲したのだという。そんな作曲家の思いを知ってか知らずか、釣り人たちはこのメロディーが鳴り響くころから、夕まずめ（魚がよく釣れる日没前の時間帯）に備えて一段と寡黙になる。

とはいうものの、この日は結局、午後七時に竿を納めた。乏しい釣果で岩場から離れる足取りも重かった。作家で釣り人でもあった故開高健《かいこうたけし》氏によると、「釣人不語（釣り師は語らないもの）」という言葉があるのだそうだ。それに従えば、こんな風に釣りにまつわる駄文を記している時点で、私などヘボ釣り師を自認しているようなものだ。それでもしばらくすれば、懲りもせず、また磯を訪れる自分の姿が想像できる。

帰り道、ヘッドランプの光の先に、磯の袂で一人用のテントを張る人影が見えた。この厳寒期にこれから夜通し、竿を出すのだろうか。人が原初に立ち返れる釣り場という居場所。すれ違いざま、どちらからともなく黙礼を交わした。

おわりに

二〇〇五年に解散した作家や文芸評論家たちの団体「新日本文学会」は、敗戦から間もない一九四五年十二月に設立された。創設発起人の資格が時代を映している。「帝国主義戦争に協力せず、これに抵抗した文学者のみ」。言い換えれば、沈黙を強いられつつも、非転向を貫いたプロレタリア作家のみということだ。

これほど素朴に怨嗟《えんさ》をにじませた規定を私は見たことがない。戦前、戦時中に時流に流されて、国策協力に走った巨匠たちへの侮蔑の感情。実際、一九四六年六月号の「新日本文学」では文学者の戦争責任を取り上げ、菊池寛、小林秀雄、高村光太郎、武者小路実篤、吉川英治ら二十五人の大家がやり玉に挙げられている。

同会のその後の内紛と迷走は知っての通りである。その底流には日本共産党との確執があった。まだ社会主義が燦然《さんぜん》たる光を放っていた時代だったのだ。つまり、国家主義からの解放を謳歌《おうか》しようとした文学者の集団もまた、イデオロギーが牽引した時流からは自由ではなかったといえるだろう。

唐突に何でこんな歴史の断片に触れたかというと、私の頭の中で最近、次の「戦後」のイメージがちらついているためだ。戦後七十年余の現在、多数派の人びとは戦前と同じ轍《てつ》を踏むことを躊躇していない。大やけどでも負わない限り、いまの多数派国民の政治姿勢は変わりそうにないという声を耳にする。そうした声は概ねこう結論づける。歴史には抗いきれない流れというものがあって、その渦中ではあれこれ抵抗したところで功を奏さないものだ、と。

そうかもしれないと思う。時流が国家主義であろうが、スターリニズムであろうが、人は小狡いし、巨大な権力に楯突く度胸のある人は限られよう。けれども抵抗を無意味と断じられるほど、私は楽天的でもない。そんな風に無力感に浸り切れる度胸はない。

この国は早晩、大きな災禍に見舞われるかもしれない。そう望みはしないが、客観的にその可能性を否定するには材料が少なすぎる。

私が考えているのはその先のことだ。灰燼《かいじん》と化した社会に再生の機会が訪れればというあくまで前提付きの話だが、そのとき、狂気が覆う世界の下でも正気だった人びとがいなくてはならない。正気は抵抗の意思を継続することでしか保てない。だから、いまの抵抗を瓦石として切り捨てるわけにはいかない。

そうした正気の人びとがイデオロギーの衣装をまとった「徒党」ではなく、どう自立した関係性を築いていけるのか。それは新たな戦後が旧《ふる》い戦後の繰り返しになるか否かの分水嶺になるだろう。眼前の権力に対する抵抗の土台というだけではなく、そうした大きな命題を煮詰めていくためにも、いま「居場所」の構築が不可欠だと信じる。

個人的にはこれまで中東をテーマにした仕事をいただく機会が多かったが、私の友人や知人には「ジェンダー」「アンダーグラウンド」などの分野で、私と結びついている人も少なくない。そうした領域についても、いつか記す機会を得てみたいと思ってきた。今回、集英社の落合勝人さんからそうしたチャンスをいただいた。落合さんと取材に協力して下さった方々のご厚意に、あらためてお礼を申し上げたい。

二〇一七年五月

初出　集英社新書ホームページ
（連載時タイトル「深夜、目覚めた場所」）
※以下、掲載日（書籍化に際して加筆修正しました）

第一章　二〇一六年二月十七日
第二章　二〇一六年四月一日
第三章　二〇一六年五月十七日
第四章　二〇一六年六月二十九日
第五章　二〇一六年八月九日
第六章　二〇一六年九月九日
第七章　二〇一六年十月二十八日
第八章　二〇一六年十二月十六日
第九章　二〇一七年二月九日
第十章　二〇一七年三月二十日

田原 牧（たはら まき）

一九六二年生まれ。ノンフィクション作家。東京新聞（中日新聞東京本社）特別報道部デスク。季刊『アラブ』（日本アラブ協会）編集委員。二〇一四年、『ジャスミンの残り香――「アラブの春」が変えたもの』で第一二回開高健ノンフィクション賞を受賞。著書に『イスラーム最前線』『ネオコンとは何か』『ほっとけよ。』『中東民衆革命の真実――エジプト現地レポート』がある。

集英社新書〇八九一B

人《にん》間《げん》の居《い》場《ば》所《しょ》

二〇一七年七月一九日　第一刷発行

著者……田原《たはら》　牧《まき》

発行者……茨木政彦

発行所……株式会社集英社

東京都千代田区一ツ橋二-五-一〇　郵便番号一〇一-八〇五〇

電話　〇三-三二三〇-六三九一（編集部）
〇三-三二三〇-六〇八〇（読者係）
〇三-三二三〇-六三九三（販売部）書店専用

装幀……原　研哉

印刷所……大日本印刷株式会社　凸版印刷株式会社

製本所……ナショナル製本協同組合

定価はカバーに表示してあります。

ISBN 978-4-08-720891-7 C0236

Printed in Japan

a pilot of wisdom

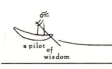